SVLTO

Amsterdam, eine der schönsten Städte Europas, war schon zu Rembrandts Zeiten Stadt der Immigranten, des Buchdrucks und der Malerei. Nach 1945 ist es ein Ort von Befreiung und Jubel, aber auch von Hoffen, Warten und Elend. Viele kommen aus Krieg und Gefangenschaft zurück und finden an den Grachten ein neues Zuhause, andere bleiben für immer fort. Amsterdam, Stadt der Seefahrer, der Untergetauchten und Abenteurer, wird nach der Unabhängigkeit der Kolonien Indonesien und Surinam zum Sehnsuchtsort der »Landsleute aus Übersee«. In den sechziger Jahren entwickelt sich Amsterdam zu einem Laboratorium des Aufbruchs und des Umbruchs, zum Zentrum der »Provos« und der alternativen Lebensentwürfe, Nährboden berühmt gewordener Bücher von Harry Mulisch, Cees Nooteboom, Margriet de Moor und des »Balzac von Amsterdam«, A. F. Th. van der Heijden.

AMSTERDAM

Eine literarische Einladung

Herausgegeben von
Eva Cossée

Verlag Klaus Wagenbach   Berlin

INHALT

Menno Wigman

NARZISSTEN!

Wie Venedig lockt auch Amsterdam Tag
und Nacht Narzissten an. Es sind die Spiegel,

die tiefen, siechen Grachtenspiegel,
es ist das Wasser, das deine Fassade dehnt,

das Wasser, das galant die Himmel fängt
und jeden Blick und Kuss auf Fotos bannt.

Narzissten! Spät im Mai! Ihr eleganter Schritt,
ihr makelloser Kopf: es wird gefilmt.

Die Stadt ist hektisch, sie will Aufmerksamkeit,
die sie auch kriegt. Und du, du stehst am IJ und siehst,

wie Bild nach Bild in den Montageraum
des Wassers fließt und dort versinkt.

Nebendarsteller sind wir, eitel, weitschweifig,
und in einem Nebensatz, da werden wir ertrinken.

Doch ehe man uns aus dem Script entfernt,
spiegeln wir uns piekfein im Licht.

Jozef Hilel Borensztajn

ZURÜCK IN AMSTERDAM

Dienstag, 12. Juni 1945

Um zehn Uhr abends sind wir dann endlich in Amsterdam. Auch hier jubelnde Menschen und überall Flaggen, aber ein dunkler Bahnsteig. Durch den einzigen beleuchteten Ausgang erreichen wir den Wartesaal, wo wir wieder so viel Suppe bekommen können, wie wir wollen. Anschließend die übliche Registrierung. Wir müssen an ein paar Tischen vorbei und kriegen zum Schluss noch Lebensmittelmarken. Nach diesen Formalitäten dürfen wir tun und lassen, was wir wollen.

Doch es ist schon ziemlich spät – bestimmt halb zwölf –, und ich weiß nicht, was ich machen soll. Es fahren keine Straßenbahnen, und außerdem ist ganz Amsterdam in Dunkelheit gehüllt. Ich überlege, zu meinem Bekannten Meier zu gehen, aber ich kann schlecht mitten in der Nacht bei Fremden auftauchen. Als ich höre, dass ein Wagen zum PIZ (zum Portugiesisch-israelitischen Krankenhaus) fährt, beschließe ich zu warten. Nach einiger Zeit kommt tatsächlich ein Kleinbus, und zu fünfzehnt steigen wir ein. Ich kann die Hand nicht vor den Augen sehen, werde aber einfach hineingezwängt.

Dann fährt der Kleinbus durch die stille, dunkle Nacht. Bis zur Plantage Franselaan*. Zu meinem

---

* die spätere Henri Polaklaan

Erstaunen sehe ich, dass im PIZ durchaus Licht brennt – das einzige Gebäude weit und breit mit Elektrizität, wie ich später erfahre. In dieser Nacht schlafe ich seit langem wieder in sauberer, weißer Bettwäsche. Am nächsten Tag bekomme ich eine Lebensmittelkarte (Nummer 73542) und eine Adresse, Weteringschans 104, wo ich erfahren werde, wie es jetzt weitergehen soll, außerdem die Adresse der Hilfsorganisation Volksherstel: Raamgracht 4.

Mittwoch, 13. Juni

Am nächsten Morgen schaue ich als Erstes nach, ob mein alter Freund Lewinsohn noch in Amsterdam ist. Ich betrete seine Wohnung … und er ist doch tatsächlich da, als wäre nichts geschehen. Was für eine Freude! Nach Lewinsohn begegne ich in der Kerkstraat zufällig einem weiteren Freund, Fuks, um gleich darauf meinen Cousin Frits Mindlin zu treffen. Mein Erscheinen dürfte ihn überrascht haben – so als wäre ich von den Toten auferstanden.

Nachmittags schaut auch noch Fenius bei mir vorbei, und morgen bin ich bei Mindlin zum Essen eingeladen. Überall muss man zu Fuß hin, weil keine Straßenbahnen fahren. Es gibt auch kein Licht, Amsterdam ist noch nicht wieder zum Leben erwacht.

Die Straßenbahn fährt wieder

Gleich nach dem Frühstück zu Lewinsohn. Ich bin gerade erst angekommen, als mich auch schon Jan Pulizi, »der Grieche«, begrüßt – unser Untermieter von vor dem Krieg.

Heute will ich Informationen über die Transporte aus Theresienstadt einholen, um etwas über meine Frau in Erfahrung zu bringen.

Amsterdam macht auf mich folgenden Eindruck: Viele kaputte Häuser. Der Winter war hart, und die Menschen haben die Gebäude, in denen einst Juden wohnten, abgerissen und sämtliches Holz verfeuert. Die Lebensmittelversorgung funktioniert nach wie vor nicht richtig, aber anscheinend besser als noch vor einigen Wochen. Im PIZ bekommen wir durchaus was Anständiges zu essen. Keine Elektrizität und kein Gas. Die Zeit des Feierns ist vorbei, und das Leben geht irgendwie weiter. Es wird von Tag zu Tag besser. Es erscheinen seltsame Zeitungen mit Namen der illegalen Presse: *De Waarheid, Het Parool* und *Trouw*. Ihr Inhalt wirkt laienhaft, als würden sie von Kindern herausgegeben. So eine Zeitung besteht gerade mal aus zwei Seiten – was soll da schon drinstehen? Die Leute interessieren sich hauptsächlich für Artikel über die Verteilung von Lebensmittelkarten. Aber heute steht wirklich etwas Wichtiges drin: Die Straßenbahn soll nächste Woche wieder fahren, wenn auch vorläufig nur wenige Stunden am Tag.

Es gibt Weißbrot … und ich kann mich nicht daran erinnern, dass es jemals so weiß gewesen ist. Aber die Menschen essen hauptsächlich Kekse aus Dosen, die aus Amerika und England kommen. Überall auf der Straße liegen diese Dosen herum, auch leere Konservendosen. Es gibt Lebensmittelkarten für Schokolade, und fast alle können es kaum erwarten, ihre Karten gegen eine Tafel echte Schokolade einzutauschen. Man sieht auch hier und da Gemüse und Obst, Erdbeeren zum Beispiel. In Kürze soll auch Fisch auf den Markt kommen. Wenn man das Glück hat, ein Lokal zu finden, das Bier verkauft, bekommt man für 35 Cent ein Glas Pils.

Die Menschen sehen erschöpft aus. Sie reden ständig vom letzten Winter, der schrecklich gewesen sein muss. Man spricht vom »Hungerwinter«. Tausende sind verhungert, und viele hatten ein Hungerödem. Aber jetzt schaut man optimistisch in die Zukunft.

Ariëlla Kornmehl

DAS ELTERNHAUS

Obwohl sie davon überzeugt war, dass sie ihre Eltern dort nicht finden würde, eilte sie trotzdem als Erstes zum Nieuwendijk. Je näher sie dem Zoutsteeg kam, desto mehr schmerzte ihr Magen. Auch ihre Hüfte tat weh, und sie fühlte ein Stechen in der Seite, aber das konnte auch vom schnellen Laufen kommen. Sie fühlte sich matt, und ihr war schwindlig, sie fürchtete, in Ohnmacht zu fallen. Dennoch entschied sie sich, weiterzugehen, nach vorn zu schauen und loszulegen – wieder hörte sie die Stimme ihrer Mutter, klarer als je zuvor.

Sie blieb vor ihrem Elternhaus stehen und sah nach oben. An den Fenstern hingen nicht einmal Scheibengardinen. Nach langem Klingeln stellte sich heraus, dass es doch Bewohner gab. Sie forderten Jet auf, zu verschwinden, sie hätten nichts mit ihr zu tun, und ihr Familienname sage ihnen auch nichts. Außerdem würden sie schon seit Jahren hier wohnen. Wenn sie nicht ginge, würden sie die Polizei rufen.

Jet drehte sich schwankend um. Schau nach vorn, geh weiter, befahl sie sich selbst.

Auf dem Damrak – sobald sie sicher war, dass diese Leute sie nicht mehr sehen konnten – brach sie zusammen. Sie blieb auf dem Bordstein sitzen. Radfahrer fuhren an ihr vorbei, Fußgänger sahen sie an, sie konnte kein Glied rühren. So etwas hatte sie noch nie empfunden, es war vorbei, das wusste sie jetzt. Sie hatte immer gedacht, dass alles vielleicht nicht ganz so schlimm sein würde, wenn nur der Krieg vorbei wäre. Dass sie sich hier so fremd fühlen würde, das hatte sie sich nicht vorstellen können.

Plötzlich drängte sich ihr der Gedanke auf, dass sie ihre Eltern vielleicht nie mehr finden würde. Ihr früheres Leben gab es nicht mehr.

Sie starrte auf die Stelle direkt vor ihr, zu der sie unzählige Male gelaufen war, um Misha zu küssen. Damals hatte sie gewünscht, dass die Zeit stillstünde. Voller Sehnsucht nach dem nächsten Tag war sie dann zum Nieuwendijk zurückgegangen.

Auf der verzweifelten Suche nach ihren Eltern, ihrem Cousin und einem Fleckchen, wo sie wohnen könnte, schleppte sie sich durch die Stadt. Wegen der milden Temperaturen konnte sie, wie viele andere Menschen, unter freiem Himmel schlafen. Sie hielt sich bei den großen Gruppen heimgekehrter Juden im Park auf. Jeder schrecklichen Geschichte folgte eine noch viel schrecklichere, aber Jet hatte sich vorgenommen, nicht zu reden. Sie dachte an Misha, der in der Innenstadt in einem Krankenhaus lag. Abgesehen von seiner angegriffenen Lunge hatte er auch Probleme beim Gehen. Die Ärzte meinten, seine Chancen auf Genesung stünden gut, aber sie wollten ihn nicht gleich seinem Schicksal überlassen, er solle noch eine Weile im Krankenhaus bleiben, um wieder zu Kräften zu kommen. Für Misha war sein Bett im Krankenhaus schon eine ganz andere Welt; er lag neben Menschen, hörte Geräusche um sich herum, und es gab Tageslicht.

Jet hatte Henk versprochen, sich regelmäßig bei ihm zu melden, solange sie noch keine Unterkunft gefunden hatte. Es gelang ihr nur sehr selten, ihn anzurufen. Wenn sie ein Telefon fand, musste sie oft lange anstehen. Jedes Mal fragte er, ob sie genügend Lebensmittelmarken habe und ob sie schon etwas von ihren Eltern gehört habe. Ja und nein, hörte sie sich sagen. Sie hatte immer ein ganzes Blatt mit Marken in ihrer Tasche, und sie aß nur wenig. Sie wollte lieber über ihn sprechen, über ihr Zuhause, und über Otto, aber Henk war kein großer Redner, und am Telefon hörte er noch schlechter als sonst. Jedes Mal sagte er, dem Kind gehe es gut. Van Keulen sei wieder zurück, und es würde ihn, Henk, nicht wundern, wenn der Nachbar in Kürze noch mal, aber diesmal ein bisschen länger, verschwinden würde. Was dann aus seiner Familie würde, wusste Henk nicht. Jet flehte ihn an, in Erfahrung zu bringen, wo sie dann hingehen würden – er durfte Otto nicht aus den Augen verlieren.

Bei der Möbelspedition Büch gab es noch Unterlagen darüber, was man damals bei den Plessners am Nieuwendijk abgeholt hatte; alles war ordentlich mit Namen und Adresse verzeichnet, und es gab keinerlei Grund, den ursprünglichen Besitzern ihr Eigentum vorzuenthalten. Mit den gefälschten Papieren konnte Jet jedoch nicht mehr nachweisen, wer sie war; und neue gültige Papiere hatte sie keine. Aber einer der Männer von Büch erkannte Jet wieder.

»Ja, ich erinnere mich. Dein Vater war der Besitzer von einem ganzen Haufen Läden. Was bist du mager, Kind, aber zum Glück hast du noch dein schönes Haar.«

Jet sagte, sie habe im Untergrund gelebt. Sie erschrak ja selbst immer vor den Menschen, die aus den Lagern zurückkamen, weniger wegen ihrer Körper als, in der Tat, wegen ihrer kahlen Köpfe. Der Chef der Spedition bot ihr gleich ein paar belegte Brote an, von denen sie eines mit Genuss verspeiste, die anderen wollte sie mitnehmen, dann musste sie heute Mittag nicht mit ihren Lebensmittelmarken anstehen.

Inzwischen waren schon zwei Wochen vergangen und die Chancen gering, dass ihre Eltern noch zurückkamen. Doch das war für Büch kein Problem. Sie brauchten aber eine Lieferadresse. Sie vereinbarten, dass Jet sich wieder melden würde, sobald sie einen Schlafplatz gefunden hatte oder eine Wohnung. Eigentlich wollte sie die Möbelpacker von Büch nach einem Schlafplatz fragen, sie kannten die Stadt doch so gut, aber irgendwie traute sie sich nicht.

Mit einer Schnur um die Taille lief sie ins Stadtzentrum. Sie wechselte zwischen zwei Blusen. Was macht es schon aus, ob ich die Sachen wiederhabe oder nicht, sagte sie sich.

Auch wenn sie nicht mehr klingeln wollte, beschloss sie doch, in der Nähe ihres Elternhauses nach weiteren Informationen zu suchen. Alle Ladenbesitzer kannten schließlich ihren Vater, und, wer weiß, vielleicht hatte ihn jemand gesehen oder etwas von ihm gehört?

Durch die Kalverstraat ging sie Richtung Nieuwendijk. Beim Dam fühlte sie, dass ihr übel wurde; sie blieb kurz stehen. »Weitergehen«, ermahnte sie sich laut. Auch nach der Befreiung war hier noch geschossen worden, hatte sie gehört. Sie wusste nicht recht, worauf sie achten sollte. Waren es Männer aus dem Widerstand gewesen oder noch Kollaborateure? Jet ballte ihre Hände zu Fäusten, presste ihre Arme eng an den Körper und lief so schnell wie möglich weiter.

Nachdem sie den Dam überquert hatte, begannen ihre Hände zu zittern. Mit jedem weiteren Schritt wurde ihr beklommener zumute, aber sie versuchte, sich auf die Geschäfte zu konzentrieren, sich an die Namen der Mieter zu erinnern. Viele Läden waren geschlossen, zugenagelt oder hatten einen anderen Namen. Sie erkannte niemanden. Noch ein paar Schritte, und ich bin zu Hause, dachte sie. Sie trat ein paar Schritte zurück, um das Gebäude genauer in Augenschein zu nehmen. Die Farbe blätterte ab, zwei Fensterscheiben waren zerbrochen.

Dann setzte sie sich auf die Eingangstreppe ihres Elternhauses. Sie wusste nicht, wo sie sonst hingehen sollte. Sie biss ihre Nägel kürzer ab als je zuvor und beschloss, Henk zu fragen, ob er sie zurücknehmen wolle.

Wie lange sie dort gesessen hatte, wusste sie nicht. Schließlich klingelte sie doch noch einmal, aber alles blieb still. Sie setzte sich wieder auf die Treppenstufen, wartete. Als ob es noch einen Sinn hätte. Sie dachte an das, was sie in den vergangenen Tagen im Park gehört hatte, von Leuten, die nach ihren Verwandten suchten. Im Hauptbahnhof hingen angeblich Rotkreuzlisten. Listen von Menschen, die sicher nicht zurückkamen, das hatten die Deutschen genau registriert.

Sie hatte gehört, dass es am Bahnhof von Menschen wimmelte, dass es sogar Menschen gab, die, nachdem sie die Rückfahrt überlebt hatten, im Bahnhof ihren letzten Atemzug taten. Vielleicht waren ihre Eltern in dieses Chaos geraten und konnten jetzt nicht wegkommen, oder vielleicht hatte sie das Rote Kreuz irgendwo anders hingebracht. Jet stand auf. Ihre Beine schmerzten, alles tat weh. Weiterlaufen, dachte sie, als sie den Bahnhof vor sich liegen sah.

Auf dem Bahnhofsvorplatz herrschte ein furchtbares Chaos. Selbst Kinder liefen suchend umher, ausgemergelt, in zerschlissenen Kleidern. Trotz der milden Temperaturen gab es Leute, die sich nicht von ihren dicken Mänteln trennten. Jeden jungen Mann im dunklen Wintermantel, den Jet vorbeigehen sah, musterte sie genau. Ihr Cousin hatte einen solchen Mantel gehabt, aber kein Gesicht glich dem seinen. Sie würde auch nach seinem Namen suchen. Sie würde alles absuchen, nahm sie sich vor, während sie über den Bahnhofsvorplatz zum großen Rotkreuzposten lief. Dort lagen stapelweise Decken herum, aber sie wagte nicht, sich einfach eine zu nehmen. Sie fragte eine Frau in Uniform, wo die Listen hingen. Die Frau deutete auf eine Wand ein Stückchen weiter. Menschen drängten einander beiseite, um die Namen besser lesen zu können. Jet zwängte sich nach vorn, aber etwa vier Meter vor der Wand wurde sie eingeklemmt. Bedrückt sah sie um sich, doch kein einziges Gesicht in der Menge kam ihr bekannt vor. Alle Köpfe sahen gleich aus. Wenig Haar und magere Gesichter.

Es dauerte eine geschlagene Stunde, bis sie die erste Liste vor sich hatte. Zeile um Zeile las sie die Namen derjenigen, die umgebracht worden waren, die nie mehr nach Hause kommen würden. Sie suchte ihren eigenen Nachnamen. Weil er nicht dabeistand, versuchte sie, zur nächsten Liste zu kommen. Mit der Hand wischte sie ein paar Schweißtropfen unter ihrer Nase weg.

Beim Warten sah sie, dass eine neue Liste an die Wand geklebt wurde, und sie beschloss, jetzt jeden Tag herzukommen.

Willem Frederik Hermans

ICH HABE IMMER RECHT

Lodewijk erschrak, obwohl schon den ganzen Tag von
nichts anderem die Rede gewesen war. Er blieb stehen
und schaute übers Meer. Am Rande des Wassers und
der Nacht sah er drei kleine Öffnungen, und durch
diese Öffnungen drang Licht, Licht aus Holland, Licht
durch elektrischen Strom aus einem holländischen
Kraftwerk, in dem holländische Arbeiter die Kessel
mit Kohle aus holländischem Boden anfeuerten und
mittags Brote mit Margarine aßen, die aus Walen her-
gestellt worden war, die Holländer gefangen hatten.
Ein ganzes Vaterland quoll als Strahlung aus diesem
Horizont!

Die Soldaten schrien sich an und rannten hin und
her. Alle waren ganz durcheinander vor Aufregung,
nur die Besatzung nicht, denn die holländische Regierung hatte die Truppen dermaßen überstürzt
aus Nederlands-Indië zurückholen müssen, dass in
Ermangelung eines holländischen Schiffes ein italienisches Frachtschiff gechartert worden war.

Inmitten der Soldaten, die nach Steuerbord drängten,
ergriff Sergeant Lodewijk Stegman Panik. Die Lichter gingen an und aus – wie Augen, die vorgaben, zu
schlafen, ihn aber trotzdem ununterbrochen belauer-
ten. Sie wogten auf und ab, als würden die Leuchttür-
me sich lang machen, um ihn besser sehen zu können.
[…]
Ein Vaterland, das zu schäbig war, richtig die Zeitung zu lesen, hat mir das angetan, dachte er. Ich bin

von der Bevölkerungsmehrheit geschickt worden! Sie hatten von nichts eine Ahnung und taten es dennoch! Für Ruhe und Ordnung sorgen. Sukarno erwischen, damit unsere Zuckerraffinerien und Ölfabriken mehr Profit abwerfen!

Nun, wir haben Sukarno erwischt! Mussten ihn dann aber blitzschnell wieder laufenlassen. Das hätten sie nicht schneller bedenken können, nein, auf diese Idee hätten sie nicht eher kommen können. Man hat die Zeitung nicht gelesen. Man beschloss, Truppen zu schicken, setzte seine Unterschrift unter Papiere, vielleicht mit der Lampe aus, wer weiß das schon …

[…]

»Jeder, der auch nur einen Funken Verstand hat, konnte an einer Hand abzählen, dass die Amerikaner unser überholtes Kolonialsystem in Nederlands-Indië nicht länger dulden würden«, sagte er. »Die haben eine Heidenangst vor dem Kommunismus und dachten, wir würden ihm bloß in die Hände spielen. Das dachte jeder in Amerika. Ob zu Recht, steht auf einem anderen Blatt, jedenfalls ist es uns nicht gelungen, sie umzustimmen. Das Flugzeug mit den Journalisten, die das versuchen sollten, ist abgestürzt, verdammt zufällig.«

»Davon weiß ich nichts«, sagte die Krankenschwester. »Ich verstehe nichts von Politik. Ich denke nur an die Jungs, die in Nederlands-Indië gewesen sind.«

»Fantastisch! Großartig! Du weißt nichts. Niemand weiß etwas! Niemand hat auch nur die leiseste Ahnung! Aber genau das meine ich ja! Niemand weiß etwas! Eine ganze Armee wird auf Java stationiert, um Sukarno zu schnappen. Yogyakarta wird erobert, Sukarno gefasst. Und dann sagt die Regierung: Stopp! Rückzug! Ab nach Hause! Sukarno freilassen!

Der General begeht Selbstmord aus lauter Verzweiflung, aber davon steht in den Niederlanden nichts in der Zeitung! Niemand weiß etwas! Und wir nach

Hause! Fünf Jahre lang haben wir uns von den Deutschen in den Bauch treten lassen. Und dann noch schnell Sukarno schnappen! Inzwischen ist man zu alt für alles, nirgends wird man gebraucht. Es gibt zehn Millionen Niederländer. Wieviel Millionen zu viel? Ein Viertel davon will auswandern, sollten sie die Chance dazu bekommen. Aber kriegen wir diese Chance? Wir sind zu nichts nütze, haben nie etwas gelernt!«

Er drehte sich um und ging zum Radio, um es einzuschalten. »Hast du schon einen niederländischen Sender gehört?«, fragte er.

»Nein, auch noch nicht«, sagte die Krankenschwester, die hinter ihn trat.

[...]

Er hatte sich jetzt bereits so weit vom Schiff entfernt, dass er die Ankunft der Soldaten kaum noch erkennen konnte. Er sah keine anderen Menschen außer den Arbeitern, die sowieso da waren und wie immer Kräne bedienten und Waggons ausluden. Auf dem Wasser fuhren kreuz und quer große Frachter mit puffenden Motoren, darüber kreischten die Möwen.

»Wo wartet meinesgleichen auf mich?«, fragte er sich beim Betreten der Fähre. Er zwängte sich zwischen den Männern hindurch, die mit ihren Rädern im Seitengang des Schiffes standen, und ging zum Bug. So nahm er Kurs auf die Stadt. Sie sind irgendwo gewesen mit ihren Rädern oder wollen noch irgendwohin, dachte er. Nirgends habe ich so viele Räder gesehen, all die Zeit, die ich weggewesen bin. Hier hat jeder ein Fahrrad, das hatte ich ganz vergessen. Debora traute sich nicht aufs Rad, deshalb bekam ich auch keins. Jeder in Holland ist auf einem Eisengestell mit zwei großen Rädern unterwegs. Die Leute sind beschäftigt, stellen alle etwas dar. Sie haben nicht dreißig Jahre ihres Lebens verschwendet so wie ich. Für nichts? Für nichts? Genau die dreißig Jahre, die sind schuld! Die haben mich zu einem Nichts gemacht!

Vor zehn Jahren hätte aus mir immer noch was werden können, aber selbst das geht jetzt nicht mehr.

Die Rampe der Fähre wurde heruntergelassen. Die Automotoren starteten. In Scharen schwankten die Fahrradfahrer, sich mit den Zehen abstützend, zum Kai, um sich dann abzustoßen und davonzufahren.

Unweit des Victoriahotels sah er noch ein paar Busse mit singenden Soldaten. Die Busse steuerten verschiedene Orte im ganzen Land an, Eindhoven und Gennep, Bunschoten und Leeuwarden. – Und jedes Mal würde irgendwo ein Mann aussteigen, vor einem von aufgeregten Nachbarn mitfühlend geschmückten Haus. Dort würden sie stehen und glotzen, vor Baldachinen in Grün, Orange und Rot-Weiß-Blau, unter denen ihre Mütter, Frauen und Kinder standen und weinten. Und über der Tür ein Schild aus Plakafarbe, schäbig, aber gut gemeint, mit der Aufschrift WILLKOMMEN DAHEIM. Dahinter auf dem Tisch der Steuerbescheid. Und am Abend würden Lampions angezündet. Dann eifrig schunkeln, die ganze Nacht, in Kälte und Nebel.

Damrak 32. Van den Ende und Singelman, Wertpapierhändler.

Van den Ende und Singelman, zweites Obergeschoss las er in der Eingangshalle.

Er nahm zwei Treppen und stand in einer Vorhalle. Sie war an drei Seiten von oben bis unten mit Mattglas ausgekleidet.

Er klopfte an einen Schalter, der schon geöffnet wurde, bevor er den Arm sinken ließ.

»Was kann ich für Sie tun?«

»Ich möchte Mijnheer Singelman sprechen. Ich habe eine Nachricht von Mijnheer Van Peekum aus Batavia. Mijnheer Singelman weiß, worum es geht.«

Der Schalter wurde geschlossen, und einige Minuten hörte er nichts mehr außer dem sanften Klappern der Schreibmaschinen, so als hätten sämtliche elektrische Leitungen einen Kurzschluss gehabt und würden nun unablässig Funken sprühen.

Dann kam eine junge Frau durch die Mattglastür zum Vorschein und fragte: »Wenn Sie kurz warten möchten?«

Sie führte ihn in ein kleines Zimmerchen mit ein paar Stühlen und einem quadratischen Tisch.

»Haben Sie es dabei?«, fragte sie.

Lodewijk, der die Lasche seiner Brusttasche bereits geöffnet hatte, überreichte ihr einen dicken Umschlag.

»Wie hätten Sie es gern, in großen oder kleinen Scheinen?«

»In kleinen.«

Die junge Frau entfernte sich und zog die Tür hinter sich zu. Er zündete sich eine Zigarette an und setzte sich.

Statt der jungen Frau kam ein ebenfalls noch recht junger Mann zurück, der ihm die rechte Hand entgegenstreckte.

»Sind Sie Mijnheer Singelman?«, fragte Lodewijk, nachdem er sich erhoben hatte.

»Nein, Mijnheer Singelman ist in einer Konferenz.«

Der junge Mann blätterte ihm neunundzwanzig Hunderter, einen Fünfziger, einen Fünfundzwanziger, zwei Zehner und zwei Zweieinhalber hin.

»Stimmt so, oder?«

Lodewijk nickte, schob die Hunderter zu einem Bündel zusammen, das er zusammengefaltet in seiner Brusttasche verstaute, und steckte das restliche Geld achtlos ein. Ohne sich per Handschlag zu verabschieden, verließ er das Büro.

H. M. van den Brink

ADA VOM EICHAMT

Der 2. Januar 1961 war ein Montag. Den ganzen Tag über sollte sich die Sonne nicht zeigen, und aus den tief hängenden Wolken strömte Stunde um Stunde eiskalter Regen herab, der kleine Krater in das dunkle, in diesem Winter noch keinmal gefrorene Wasser schlug. Auch die Uferstraße war nass und schwarz. Es war kurz vor acht Uhr morgens und noch fast dunkel, als ich, die Hände in meinem Dufflecoat vergraben und die Schultern hochgezogen, an den kaum erleuchteten Speichern und Wohnhäusern entlangging.

Der Kalender mochte zwar behaupten, das neue Jahr trage die Zahl 1961, doch nach der Umgebung zu urteilen hätte es, zumal bei diesem spärlichen Licht, genauso gut 1951 oder 1941 sein können. So ewig gleich und ewig ärmlich sah dieser Teil der Stadt mit seinen hohen Speicherhäusern und schemenhaften kleinen Werkstätten aus. Zeit ist Raum, Distanz. Wie übrigens auch das Gewicht. Diese Vorstellung ließ sich hier mit Händen greifen.

Den Speicherhäusern fehlten noch immer Türen, die während des Krieges verheizt worden sein mochten und danach durch provisorische und nicht zueinander passende Notbehelfe ersetzt worden waren. Im Wasser lagen die Hausboote wie ein zum Stehen gekommener Prozessionszug, eine geschlossene Reihe von Frachtschiffen mit seit langem festgerosteten Maschinen, stümperhaft ausgebauten Schuten und ausrangierten Vergnügungsbooten; sie drückten sich frierend an die Uferbefestigung, manchmal zu dritt nebeneinander, fast ausnahmslos ohne Anstrich und allesamt schlecht und recht bewohnt, das war an den Gardinchen und an den dünnen Rauchschwaden zu erkennen, die sich grau im Morgendunkel kringelten.

Die wenigen herrschaftlichen Häuser an der Gracht sahen nicht viel besser aus. Oder schien das nur so durch die Dunkelheit und den Regen? Nein, das glaube ich nicht. In meiner Erinnerung liegt in jenen Jahren, die wir heute die »Nachkriegszeit« nennen, fortwährend ein Schmutzschleier über der ganzen Stadt.

Streng genommen leben wir noch immer in jener Zeit. Dennoch empfindet man es nicht so, und das hängt mit Reparieren, Ersetzen und Säubern zusammen. Die schmuddeligen Ablagerungen der Vergangenheit sind verschwunden, überstrichen mit dem Hochglanz der Gegenwart.

[...]

Ein gutes Jahr später hatten wir sie Hunderte von Malen gesehen, vormittags mit dem Kaffee, nachmittags mit dem Tee und immer mit den roten Wangen und dem breiten Lachen.

Die Brouwersgracht hatte sich in jenem Jahr immer wieder verändert. Der Winter war mit einem formlosen Brei aus aufgeweichten, porösen Eisschollen zu Ende gegangen, eine graue Fondantmasse, die in den wenigen frostigen Nächten hart wurde und dann tagsüber wieder quälend langsam schmolz und dahinschwand. Als die ersten Frühlingsregen dem endgültig den Garaus machten, wurde auch aller Unrat in der Gracht freigesetzt. Unter, hinter und zwischen den Schiffen, den Duckdalben und Brücken kam eine Ansammlung schadhafter Möbelstücke, von Ästen, Kleidungsresten und noch schwerer zu definierenden Gegenständen zum Vorschein, umrahmt von immer dicker werdender Entengrütze, je weiter der Frühling fortschritt. Die Müllsuppe schwappte bei kräftigem Wind hin und her, bewegte sich zur Grachtmitte oder zurück ans Ufer, wo sie sich an die Schiffswände drückte – hörten es die Bewohner? –, doch meist lag die graufahle Masse ohne Bewegung da und wartete, selbstverständlich auf nichts.

Jedenfalls so lange nicht, bis sich jemand zum Großreinemachen berufen fühlte. Die Grachten waren noch nicht zum Kulturgut erklärt worden, viele hätten sie am liebsten zugeschüttet, und die Brouwersgracht wurde nicht, wie manche der breiteren, von prächtigen herrschaftlichen Häusern gesäumten Wasserwege, ihrer Schönheit wegen geschätzt. Sie galt eher als Hindernis für die Durchgangsstraßen, ein stinkender, schlampig gezogener Strich durch die Rechnung der geschäftigen Stadt. Die Fassaden waren schmucklos, wer hier wohnte, tat das meist nur provisorisch.

Lediglich an sonnigen Sommertagen bekamen das Gewässer und seine Umgebung bisweilen etwas Freundliches, als käme ein verborgener Charakterzug kurzfristig zum Vorschein. Vor allem frühmorgens schien das Wasser nur dazu zu dienen, die Fassaden und den leeren Himmel zu spiegeln und in diesem Spiegelbild alles abzumildern, den Müll, die Reste von Schinderei, Unrecht, Fehlentscheidungen, Kummer, kurzum das ganze gammelige Sammelsurium von Booten, Speicherhäusern und morscher Ufermauer. Im Laufe des Tages verschwand dieser Eindruck wieder, wenn die Sonne immer höher kletterte und den Zustand der Dinge grell und gnadenlos ausleuchtete, sodass keine Spur von Schönheit mehr zu erkennen war.

Ich erinnere mich an solch einen friedlichen Morgen, die Wasseroberfläche aus Quecksilber, noch kein Lärm von Menschen und Verkehr. Als einer der Ersten betrat ich das Gebäude durch die hohe Tür schräg unter dem Reichswappen, das in der milden Sonne ebenfalls freundlich wirkte. Sowie ich die Schwelle überschritten hatte, hörte ich eine Stimme, die mich bewog, die Tür nicht hinter mir zufallen zu lassen, sondern festzuhalten und so vorsichtig wie möglich zu schließen. Ohne mich zu rühren, blieb ich stehen. Es war Ada. Sie sang. Die Melodie kam irgendwo aus dem rückwärtigen Teil des Gebäudes, schallte durch die Gänge und prallte auf Steinfußböden, an Wände und Decken, bis sie mich erreichte, inzwischen dünn, aber trotzdem sehr vernehmlich, weil um sie herum kein anderes Geräusch war. Ada sang ein italienisches Lied, in einigen Vierteln der Stadt waren sie damals sehr beliebt, und obgleich ich wusste, dass sie ihre Stimme nur deshalb so laut zu Gehör zu bringen wagte, weil sie sich allein im Gebäude wähnte, bildete ich mir ein, sie täte es eigens für mich. Sie sang aus voller Kehle, ohne sich im Geringsten zurückzuhalten und sicherlich auch ohne zu wissen, was die Worte bedeuteten. Ihre Heiserkeit tat der Verzauberung keinen Abbruch, ebenso wenig ihr buchstabengetreu ausgesprochenes Italienisch. Im Gegenteil. Beides schien ihre Geradheit und Güte nur noch zu unterstreichen.

Ich habe ihr nie erzählt, dass ich ihr damals gelauscht habe. Nicht im Laufe jenes Vormittags und auch später nicht. Der Tag kam rasch in Gang mit viel Gepolter und Geratter, mit Schritten und Stimmen, Geschleppe und Geschäftigkeit und mit den ersten Verkehrsstockungen auf der schmalen Uferstraße, wo die Besucher des Eichamts gezwungenermaßen Bekanntschaft mit den verwahrlost wirkenden Bewohnern schlossen. Es hob ihre Laune nicht gerade, wenn sie hinter dem Auto eines Kohlenhändlers oder dem Pferd des Kartoffelbauern hatten warten müssen oder wenn sie durch einen der Alteisen- und Lumpentrödler aufgehalten wurden, der sich alle Zeit der Welt nahm, um seinen Kram auszuladen und, eine Zigarette im Mundwinkel, schon mal vorzusortieren, bevor er die Ladung in eines der düsteren Speicherhäuser schleppte.

Bald schon wurde es wieder Herbst und Winter. Mit dunklen Wolken, Windstößen, Regen. Die hohen Brücken krümmten sich dann, glänzend, wie erboste Katzen über dem schmutzigen Wasser der Brouwersgracht.

Margriet de Moor

DER JONGLEUR

Minna Bolyn hob den Kopf und stellte das Bügeleisen ab. Sie war eine gutherzige Frau von ungefähr fünfzig Jahren mit schönem haselnussfarbenem Haar, das sie mit Kämmen hochgesteckt trug. Als sie mit fünfzehn zu ihrer Stellung nach Amsterdam kam, lag ihr Erbe, gerade frisch zugesprochen, um ihren weißen Hals. Eine Kette aus Blutkorallensplittern. Bolyn ist ein Name, der auf Schouwen-Duiveland vor allem in Bäckerfamilien häufig vorkommt. Hier in der Pension sprachen die Gäste sie fast alle mit Mevrouw Minna an, und so wird sie in dieser Geschichte auch auftreten. Sie war nicht die Eigentümerin, versteht sich. Doch nach vierzehn Jahren Dienst als Chefin der Wäschekammer im Hotel American hatte sie genug gespart, um dieses Haus mieten zu können, was in dieser roten Stadt fast gleichbedeutend mit Eigentum war. Sie eröffnete eine Pension am Rembrandtplein. War sie verheiratet gewesen, hatte sie ein Kind? Keinem ihrer Gäste fiel es ein, ihr Fragen zu ihrer Lebensgeschichte zu stellen. Was ihnen jedoch auffiel, war, dass sie in ihrem Wohnzimmer, gleich neben der Eingangstür, ein Grammophon hatte, auf dem sie am liebsten Musik für Hörner spielte.

»Wirklich ein schönes, sonores Instrument.«

»Stimmt. Wie jemand, der einen aus der Ferne ruft.«

»Ja. Beide Hände um den Mund gelegt.«

Mevrouw Minna also hob den Kopf von dem Geschirrtuch, das sie gerade plättete, stellte das Bügeleisen ab, bückte sich und zog den Stecker aus der Steckdose.

»Mijnheer Pluut! Sie wieder mal hier. Welche Freude!« Sie griff nach einer der Taschen.

»Ja, ja, verflixt und zugenäht. So. Danke sehr.« Er fragte nach dem Zimmer.

»Ach, Mijnheer!«

Sie sah ihn – Hand an der Brust – verständnisvoll an. Sie kannte ihn, liebte ihn, obwohl sie noch nie einen seiner berühmten Tricks gesehen hatte, nur den mit dem Streichholz, den er privat vorführte, zu intim für den großen Auftritt. Man legt die Schachtel auf den Rücken der ausgestreckten Hand. Man hält das Streichholz zwischen den Fingern. Man wirft die Schachtel in die Luft, und voilà: Das Streichholz brennt mit schöner, leuchtender Flamme. »Ist das zu fassen!« Minna Bolyn, die ihren Gästen, einem wie dem anderen, eine aufmerksame, praktische Liebe entgegenbrachte – was typisch weiblich ist –, spürte, wie der Funke seiner Freude auch sie durchströmte. An die Anrichte gelehnt, hatte sie ihm sanft zugelächelt.

Jetzt pries sie die neue Kapokmatratze in einem der anderen Zimmer.

»Na gut, was nicht geht, geht nicht.« Er folgte ihr, den Mantel noch bis zum Kinn zugeknöpft, die drei Treppen hinauf zum kleinen Vorderzimmer im Dachgeschoss.

Eigentlich ein ziemlich langer Weg. Und auch ein ziemlich dunkler, weil in diesem Augenblick alle Zimmertüren geschlossen oder höchstens angelehnt waren. In dieser Pension schlossen die Gäste ihre Türen nicht, weil sie unbedingt für sich sein wollten, sondern weil sie sich konzentrieren mussten, was auch eine Form von Für-sich-Sein ist, die allerstrengste. Aus einem der Zimmer drang Stöhnen, was einigermaßen beunruhigend klang, wenn man die Ursache nicht kannte.

»Mijnheer Bruno, Sie wissen doch«, sagte Mevrouw Minna, »ist schon fast wieder eine Woche hier.«

»Ja, ja«, sagte Charles Pluut und sah in etwa vor sich, was sich hinter der Tür abspielte. Merkwürdig, dachte er, dass der Mann auch völlig geräuschlos arbeiten kann. Man sieht dann nur, wie die Adern in seinem Gesicht unheilvoll anschwellen. Seine Arme bleiben, egal was passiert, ausgestreckt neben dem Körper liegen.

Er folgte der Pensionswirtin in sein Zimmer. Noch war es kalt. Sie zündete den Gasofen an, sah sich um und strich mit der Hand über den Bettüberwurf. Als sie gegangen war, sank er, bei offener Tür, aufs Bett, einsam wie ein Wolf, aber mit einem Lächeln. Das keine Sekunde später erstarb, um einem verblüfften Hochziehen der Brauen Platz zu machen, denn am anderen Ende des Dachbodens sah er in einem Lichtrechteck jemanden sich bewegen.

Jongleure haben immer Angst. Von allen Artisten haben sie mit Abstand die meiste Angst, noch mehr als die Trapezkünstler. Es gibt nur wenige Menschen, die dafür Verständnis haben.

»Aber das Trapez, Menschenskind, wenn du da runterfällst, bist du weg vom Fenster!«

»Und wenn schon!«

Pieter alias Mr. Peter Newton hatte seine Karriere auf der Straße begonnen und war also an Geschwätz, so natürlich wie Regen und Wind, gewöhnt.

»Mein Gott, er lässt eine Keule fallen. Sieh dir bloß sein Gesicht an!«

»Wird leichenblass. Ist ja irgendwie süß, findest du nicht?«

»Was?«

»Süß. Ist ja irgendwie süß, wie er das gute Stück aufhebt. Man fragt sich, ob er sich auch so schrecklich schämen würde, wenn wir nicht da wären. Schau, jetzt hat er sie wieder in Bewegung.«

»Fängt sie links, wirft sie rechts.«

Charles Pluut blieb auf der Bettkante sitzen. Anstatt die Deckenlampe einzuschalten und seine Taschen auszupacken, sah er seinem Mitbewohner am anderen Ende des Dachbodens zu, der im Licht der geöffneten Tür eine Kaskade mit vier Keulen übte. Stand mit dem Rücken zu ihm. Leicht gebeugter Rumpf, schlank und unschuldig, und darüber in rasender Geschwindigkeit ein geometrisches Muster, dessen Formel er, Pluut, im Prinzip kannte. Höhe = Zeit. Pluut nickte nachdrücklich. Je niedriger der Wurf, desto schneller und exakter mussten die Hände arbeiten. Er sah, dass die sich überkreuzenden Bahnen der vier Keulen jetzt wieder etwas höher stiegen. Auf seinem Gesicht erschien etwas Träumerisches. Wenn man die Miene dieses Menschen in Sprache hätte fassen können, dann hätte man einen kleinen Dialog dieser Art aufgeschnappt.

» … Glaube und Beharrlichkeit. Oder?«

»Ja. Gilt für uns alle.«

»Aber schön, dass wir es hier mit einer mathematischen Gleichung zu tun haben, die sich um nichts anderes kümmert als um sich selbst. Die Zahl der Hände ist gleich der Zahl der Keulen.«

»Solange alles gutgeht.«

»Natürlich. Die Keulen in der Luft können wir vernachlässigen, die sind frei.«

»Frei wie Vögel, solange alles gutgeht.«

»Hab ich doch gesagt. Der Junge da kontrolliert, ob der Mechanismus des Gegenüber, er selbst also, noch funktioniert. Sein Rücken verrät große Besorgnis.«

»Rührend, ja.«

»Ja.«

»Eifrig wie ein Schüler, der Nachhilfe in den naturwissenschaftlichen Fächern bekommt. Denn was, wenn seine Armmuskeln die Geschwindigkeit mal nicht mehr exakt einhielten, und sei es auch nur eine Sekunde lang? Schon die kleinste Abweichung des Wurffaktors würde das ganze Muster vermasseln.«

»Hm, ja.«

In einer merkwürdigen Stimmung – etwa »mit ihm würde ich mich gern anfreunden« – saß Pluut da und schaute der Gestalt zu, die, von ihm abgewandt, sich jetzt schwarz wie eine Silhouette vor einem Blatt Papier in der Türöffnung abzeichnete.

Hände können sehr schnell rechnen, dachte er. Viel, viel schneller als der dumme Kopf … Schau nur, wie sich die Kaskade jetzt in eine Fontäne verwandelt. Wie mein Freund da die eine Keule mit der einen Hand wirft, die andere mit der anderen Hand, und das in verschiedenen Tempi, was eine besondere Herausforderung ist …

»Gliedmaßen neigen zu synchronen Bewegungen.«

Das Schauspiel war vorbei. Hatte ja auch nicht ewig dauern können. Die Tür am anderen Ende schloss sich. Pluut schaute noch immer, sah aber nur noch einen Lichtstreifen. Geht nachher bestimmt hinunter, dachte er, und kocht sich was in der Küche oder hält einen kleinen Plausch. Er stand auf, schaltete die Deckenlampe ein, warf einen Blick auf die Taschen, setzte sich aber wieder auf die Bettkante.

»Hallo«, sagte er mit Nachdruck, als der Keulenwerfer kurz danach auf dem Weg zur Treppe vorbeikam.

Der junge Mann sah eine Sekunde lang durch ihn hindurch und ging weiter.

Pluut packte die Taschen aus, stellte den ganzen Kram ordentlich auf den Tisch an der Wand und hängte seinen Frack auf. Unten auf dem Platz hielt unterdessen die 9, ein paar Menschen stiegen aus, ein paar stiegen ein. Die Straßenbahn klingelte laut, bevor sie ihren Weg durch die Amstelstraat fortsetzte. Diese Art Geklingel aktiviert die gesamte Akustik eines solchen Platzes. Wenn das Geräusch um die Ecke verschwunden ist, erhebt sich die Stille wie ein wach gewordenes Tier. »Die Triefnase« spielte noch immer, allerdings war die kleine Drehorgel eine Kneipe weitergezogen. Das Lied, das an der Hauswand der Pension aufstieg, war eines dieser Jan-Pieterszoon-Sweelinck-Lieder, die schon seit Jahrhunderten von jedem in der Stadt automatisch mitgesungen werden.

> Die Liebe, ach, ist Raserei
> Aus dem Höllenschlund.
> Armes Herz, du gehst dabei
> Elendiglich zugrund …

Harry Mulisch

BERICHT AN DEN RATTENKÖNIG

Über Dijker und Pleiner, Polizei und Unterwelt

Währenddessen schlenderte der junge Mann durch die Straßen.

Aus seinem spielerischen, asakralen Umgang mit Dingen und Institutionen wurde in diesen Jahren das »Happening« geboren. Das Happening ist kein Ausdruck des Unbehagens, wie ältere Sozialpädagogen meinen, sondern es ist ein Ausdruck des Behagens. Die Amsterdamer »Gammler«, wie man sie damals noch nannte, bestanden zunächst aus zwei Gruppen, beide in Schwarz gekleidet und nur für Kenner unterscheidbar. Es gab die recht ungehobelte, motorisierte Sorte, das waren die »Dijker« (vom Nieuwendijk), und eine eher kultivierte, peripatetische, das waren die »Pleiners« (vom Leidseplein)*. In der Literatur findet man den Unterschied in den Werken von Jan Cremer und Simon Vinkenoog widergespiegelt. Die Dijker stammten aus dem ehemaligen Proletariat, trugen Kunstleder und standen auf Rock; die Pleiner stammten aus dem ehemaligen Bürgertum, trugen echtes Leder und standen auf Jazz. Die Pleiner rauchten gelegentlich mal eine Marihuanazigarette und lasen moderne Literatur; die Dijker rauchten schwarzen Tabak

---

* Zur genaueren Unterscheidung siehe in *Provo 4* den Artikel *Über beatniks pleiners magier bullen provos halbstarke gammler bravos kicker dijker und dammer.*

und saßen im Kino. Wenn sie aus dem Kino kamen, knatterten sie zum Dam. Dort kam es zu ihren Happenings – oder im Sprachgebrauch der Älteren: zu fortwährenden, umfangreichen ORDNUNGsstörungen, denen die Polizei aufgrund von Personalmangel kein Ende bereiten konnte. Trotzdem kamen sie an ein Ende.

Und zwar so:

Es war Abend, regnerisch, und hier und da stand Polizei. Um das Nationaldenkmal herum hingen ein paar Hundert Dijker rum. Für einen Moment herrschte der Status quo, und die Atmosphäre war angespannt. In diesem Moment tauchten aus den Seitenstraßen und -gassen vier, fünf offene amerikanische Wagen auf, jeder mit vier oder fünf Zuhältern bemannt, halb aufgerichtet und bewaffnet mit Knüppeln, Peitschen, Schlagstöcken und Fahrradketten. Mit Vollgas fuhren sie auf den Bürgersteig, und die Insassen schlugen gnadenlos auf die verdutzten Jungs ein, zwischen ihnen hindurch kurvend und sie überallhin treffend, wo man sie treffen konnte. Innerhalb von einer Minute war alles vorbei, und zwar endgültig. Dieses Phänomen jedenfalls war mit Stumpf und Stiel ausgerottet.

Die Polizei unternahm nichts. Während die jungen Männer einander jammernd und blutend halfen, stiegen die Beamten ein und fuhren weg. Auch später wurden nie Ermittlungen aufgenommen oder Strafverfolgungsmaßnahmen gegen die Unterwelt ergriffen, die die Ruhe in ihrem Territorium wiederhergestellt hatte: dem Rotlichtviertel hinter dem Dam, wo das Geschäft unter den Tumulten litt.

So begann in Amsterdam der Niedergang von Polizei und Justiz.

Weil ich zufälligerweise der einzige Mensch auf der Welt bin, der den Text auf dem Nationaldenkmal jemals ganz gelesen hat, ist es vielleicht angebracht, hier den vorletzten Satz zu zitieren:

DIES SOLL UNS IN ERINNERUNG BLEIBEN,
ERLÖST WIE WIR SIND, AUS DER
SCHRECKENSHERRSCHAFT EINER UNTERWELT.

Doch auf diesen Text komme ich noch ausführlich zu
sprechen.

Während die Dijker diesen merkwürdigen Aspekt
der OBRIGKEIT kennenlernten – nämlich dass die
Wiederherstellung der ORDNUNG eine Ordnungs-
störung sein kann –, machten sich auch die Pleiner,
Beatnikepigonen bis zu diesem Moment, daran, ihre
eigene Happeningsform zu entwickeln. Eines Tages
fiel einem Fensterputzer am Gebäude des Modehau-
ses Hirsch auf, dass die Polizei eifrig dabei war, den
Handel mit Marihuanazigaretten zu unterbinden,
während an der Fassade des Bureaus am Leidseplein
eine Neonreklame für Nikotinzigaretten angebracht
war. Dabei machte Nikotin, im Gegensatz zu Marihuana, abhängig und war tödlich; doch während der
Marihuanahändler verhaftet und in eine Zelle gesteckt
wurde, waren die Nikotinfabrikanten und -händler ge-
achtete Mitglieder der Gesellschaft.

So wurde Robert Jasper Grootveld »Anti-Rauchma-
gier«.

Schon in seiner Zeit als Fensterputzer hatte ich ihn –
ich wohne in der Nachbarschaft – oft an der Fassade
von Hirsch klettern sehen: sehr elegant in seinem
weißen Anzug, Schwamm auf der rechten Pobacke,
glattes blondes Haar, hellblaue Augen. Ob diese Be-
rufskleidung mit der späteren Provouniform zusam-
menhängt, weiß ich nicht, aber es könnte durchaus
sein. Er fing damit an, das Wort *Krebs* auf Zigaret-
tenreklame zu schreiben, und kam ins Gefängnis. Als
er wieder entlassen worden war, rief er Amsterdam
zum »magischen Weltzentrum« aus. Von diesem
Augenblick an füllte er die Stadt mit seiner absurden
Mythologie. Überall sah man plötzlich auf den Mau-

ern den Buchstaben *K* und das geheimnisvolle Wort *Gnuss*. Das ist vermutlich eine Kombination aus »Gott« und »Genuss«, was natürlich nicht heißt, dass damit auch seine Bedeutung erklärt ist; ich muss zugeben, dass mir die Bedeutung von *Gnuss* nie in Gänze klargeworden ist. Außerdem begegnete man überall der Bitte *Klaas komm*. Dies hatte natürlich in erster Linie etwas mit dem St. Nikolaus zu tun, dem Patron der Stadt Amsterdam; vielleicht noch mit dem *K* von *Krebs* (oder es war da bereits das *K* von *Klaas*); und zudem noch mit dem Wirt des Amsterdamer Touristenetablissements »De Vijf Vliegen«, Nicolaas Kroese, der die Amsterdamer Kirchen mit goldenen Ketten verbinden will, damit ein faradayscher Käfig entsteht, der uns vor der Energie der Anti-Materie im Weltall schützt. Außerdem ist er der Ansicht, Prinzessin Beatrix solle Königin von Israel werden (was im Nachhinein betrachtet vielleicht ein gar nicht so schlechter Plan ist), und er verschickt endlos an alle und jeden Telegramme wie das folgende, das neulich bei meinem Verlag ankam:

meine herren es wird sie erfreuen zu vernehmen dass die bücher selbstporträt mit turban und der knopf von harry mulisch ein teil meiner beweisführung bei der erlangung des niederländischen patents 112687 über die wiederentdeckung der jüdischen ideallichtstrukturen der fünften dimension waren welche vor 3000 jahren verlorenen gegangen sind stop mit hilfe dieser wiederentdeckten jüdischen anschaulichen mathematik der jüdischen monotheistischen monadengesetze und der jüdischen harmoniegesetze für priemquadrate war es mir möglich die synthese der mathematischen weltbilder von pythagoras platon aristoteles maimonides david salomo keppler newton galilei erasmus simon stevin fermat descartes spinoza leibniz fibonacci nicolaas cusanus einstein goethe mondriaan van os teilhard de chardin weinreb zustande zu bringen

usw. usw. Das sind sehr viel mehr als fünf Fliegen – doch auch mit Kroese darf *Klaas* nicht identifiziert werden. Vermutlich ist es so, dass jeder seinen eigenen *Klaas* hat.

Außerdem gibt es noch den *Schlumpf* (»der den Schlumpf schlumpft«) und *Humpapa*.

Das Pleinerhappening nahm in Grootvelds Entwurf des »Marihuettespiels« das erste Mal Form an. Marihuana spielte darin allerdings kaum eine Rolle; wohl aber Heu, das ihm ähnlich sah (»Marihu«), und die Regeln verstand niemand, was so auch beabsichtigt war. Auch die Polizei verstand nichts davon und veranstaltete regelmäßig Razzien in den Häusern, wo das Spiel gespielt wurde. Sie sollte nie verstehen, dass es nichts zu verstehen gab, und auch nicht, dass sie von den Teilnehmern selbst angerufen worden war: Denn das Hereinkommen einer solchen Gruppe großer, uniformierter, von Nikotin abhängiger Krebskandidaten war ein *Happening*. (Wer verhaftet wurde, bekam übrigens 100 Punkte.)

Inzwischen hatte Grootveld seinen »K-Tempel« eingeweiht – eine verfallene Garage am Leidseplein, wo er die Liturgie zelebrierte. An die letzte Zusammenkunft, bei der ich Zeuge sein durfte, habe ich nur undeutliche Erinnerungen. Der niedrige, muffige Raum war dunkel und gerammelt voll; Grootveld hatte sein Gesicht wie ein Medizinmann angemalt und war darüber hinaus in alle möglichen Gewänder gehüllt. Nachdem alle den *Ugge-ugge-song* gesungen hatten, einen Psalm über den Raucherhusten, hielt er eine kryptische Rede über die Zigarettenindustrie, über die sehr viel gelacht wurde. Anschließend – aber dies kann auch bei einer anderen Gelegenheit passiert sein –

trat der aus Arnheim stammende Dichter Johnny the Selfkicker mit seinem verwunderten, engelgleichen Gesicht vors Publikum und brach in eines seiner post-sexuellen *electric jesus* Sprachpandämonien aus, so dass allen vor Lärm und Worten Hören und Sehen verging, woraufhin Grootveld, nach einem kurzen Wort des Dankes, den *Publicity-song* anstimmte, dessen Text aus der pausenlosen Wiederholung des Wortes »publicity« bestand. Während anschließend Bart Hughes erklärte, warum man sich auf keinen Fall ein Loch in den Kopf bohren dürfe, wedelte Grootveld bereits mit einer brennenden Zeitung. Ob beabsichtigt oder nicht, kann ich nicht sagen, aber hier und da fing es auf der Bühne bereits an zu kokeln. Dieweil ein ersti-ckender Rauch den Tempel allmählich füllte, wurden wertvolle Gegenstände durchgereicht, um sie nach draußen in Sicherheit zu bringen. Später stellte sich heraus, dass Kassettenrekorder und Schreibmaschine auf der Straße von einem Mann in Empfang genom-men wurden, von dem man nie wieder etwas gehört hat. Dann kam es zu einem ziemlichen Gehuste und schließlich auch zu einem ziemlichen Gedränge, weil die ganz vorne Stehenden in Flammen aufzugehen drohten. Das Letzte, woran ich mich erinnern kann, ist, dass die Feuerwehr in die Straße bog, während der angemalte Magier unter Jubel singend auf dem Dach seines brennenden Tempels tanzte.

Hans Münstermann

TRAM-LINIE 24

Sie überquert die Straße, und der Gestank von den
Mülltonnen auf der anderen Seite dringt ihr in die Nase:
Asche, verdorbenes Obst, Fäulnis. Sie spürt noch das
kühle gelbe Messing des Türknaufs in der Hand. Beim
großen, hohen roten Briefkasten, gegossen 1906 von
einer Gießerei in Deventer, holt sie tief Luft und läuft
weiter bis zur Blumenfrau an der Ecke Hobbemaka-
de/Roelof Hartstraat. Die Frau trägt ein Kopftuch
und stellt gerade einen Strauß zusammen. Sie sieht
Frau Klein und grüßt höflich. Die steht jetzt am Rand
des Bürgersteigs und will zur Straßenbahnhaltestelle.
Schaut nach links und nach rechts. Ist empfänglich für
kleinste Details. Ein auf dem Fahrrad vorbeifahrendes
Mädchen beginnt plötzlich unbändig zu lachen. Sie
weiß nicht, warum. Auf der Brücke steht das Tram-
häuschen und reflektiert funkelnd das Morgenlicht.
Ein Star auf dem Vordach späht über die Ceintuurbaan.
Mitten auf der Kreuzung steht ein Verkehrspolizist:
Lederhandschuhe, schwarze Stiefel. Zusammen mit
Andreas hat sie oft beobachtet, wie er das Klappbrett
bedient. Auch jetzt mustert sie es genau, seine Griffe
und Metallklappen. Dadurch bekommt der Polizist etwas von einem Bauchredner, der mit einer riesigen Me-
tallpuppe auf der Kreuzung steht. Als sich der Verkehr
aus der Roelof Hartstraat in Bewegung setzt, lässt der
Schutzmann das Brett los und winkt, um anzuzeigen,
dass sich die Autos und Räder beeilen sollen. Anschließend stemmt er die Arme in die Seite und beobachtet
den Verkehr wie ein ungeduldiger Diktator.

Sie überquert die Straße und geht zur Haltestelle der Tram-Linie 24. Als sie sie erreicht hat, kommt ein Motorrad aus der Roelof Hartstraat. In der Ferne, beim Roelof Hartplein, sieht sie schon die Straßenbahn. Während sich der Verkehrspolizist umdreht und das Stoppzeichen gibt, versucht der Motorradfahrer noch die Kreuzung zu passieren und links abzubiegen. Weil er aber zu schnell und zu eng in die Kurve geht, stürzt er direkt neben dem Verkehrspolizisten, der sich kopfschüttelnd und wild gestikulierend über ihn beugt. Der Motorradfahrer bleibt liegen. Vielleicht hat er sich etwas gebrochen. Ein Menschenauflauf entsteht.

Sich auf die Unterlippe beißend, wird sie Zeugin dieser Szene. Weiter hinten, am Ende der Roelof Hartstraat, sieht sie über den Läden und Baumkronen den hohen, schmalen Uhrturm mit dem schwarzen Zifferblatt und den weißen Zeigern. Es ist zehn nach acht. Auf dem Blumenkahn an der Hobbemakade werden gerade Pflanzen und Sträuße aufgestellt. Ihre Tram muss wegen des Unfalls anhalten. Aus allen Richtungen strömen Neugierige herbei. Passanten und Anwohner kommen und gehen. Sie hat ihren kleinen Koffer neben sich abgestellt. Aus der Konditorei van Schuit tritt ein Bäcker mit weißer Schürze, er spricht mit dem Polizisten und macht wieder kehrt. Bestimmt ruft er einen Krankenwagen. Sie wartet und wartet, dreht sich um und späht über die Ceintuurbaan. Warum muss das ausgerechnet heute passieren? Sie hat hier beim Warten auf die Straßenbahn noch nie einen Unfall erlebt. Vierzig Jahre lang haben hier ungestört Leute gewartet. Sie überfliegt rasch die Umgebung, platzt fast vor Ungeduld und Zorn wegen dieser Verzögerung. Sie starrt über die Hobbemakade, zu den Türmen des Rijksmuseums. Ja, jetzt wo sie darüber nachdenkt, weil sie gezwungen ist, zu warten, kann sie ihre Gedanken nicht länger verdrängen. Joachim ist Schuld. Er hat sie vergewaltigt, ihren

Körper, ihre Seele, ihre Ehe sowie alles, was daraus hervorgegangen ist. Mit seinen Händen hat er noch den letzten Hoffnungsschimmer ausgelöscht. Auch ihre Kinder hat er ermordet, eigenhändig. Es gibt sie nicht mehr. Ihre Probleme vermischen sich mit dem Abschaum und Dreck des Mahlstroms. Die Leute mit ihren Alltagssorgen. Sie muss aufpassen, dass sie nicht umkippt. Aber da ist sie bestimmt nicht die Einzige. Überall spukt es. Sie hat gut aufgepasst und vieles mitbekommen. Dinge, die niemand sonst bemerkt hat, über die nur hinter vorgehaltener Hand geredet wird. Aber manchmal platzt die Bombe, und es folgt ein erbarmungsloser Schlagabtausch. Hier auf der Brücke, mitten in der Nacht. Betrunkene Männer, die weinend Streit suchen. Was ist passiert, als es am Ende der Nacht totenstill wurde? Sie haben sich an den Haaren gezogen, sich die Trauringe von den Fingern gerissen und in die Gracht geworfen. Hier liegen Ringe im Schlamm. Erinnerungen an ausgelassene Feste. Von irgendwoher hört sie das nervöse Tatütata eines Krankenwagens. Männer in weißen Overalls springen heraus. Als der Motorradfahrer stöhnt, wendet sie den Blick ab.

Das Motorrad wird vom Verkehrspolizisten aufgerichtet, weggeschoben und vor dem Eingang der Konditorei Schuit an einen Baum gelehnt. Die junge Frau aus der Buchhandlung Samson fuchtelt mit den Armen. Was will sie damit sagen? Gibt sie Anweisungen? Will sie das Motorrad nicht vor der Tür haben? Endlich ist die Kreuzung wieder frei. Schon kommt die Straßenbahn. Sie hebt die Hand. Quietschend kommt die Tram zum Stehen. Die Falttüren öffnen sich, sie hebt den Fuß und hält das kleine blassgelbe Billett bereit, um es abstempeln zu lassen. Der Fahrer schaut auf seine Armbanduhr, tippt mit dem Zeigefinger gegen die rotierenden Ziffern des Stempels, drückt ihn fest aufs Stempelkissen und dann auf ihr Billett. Jetzt prangt das Datum darauf. Das ist der Tag, das ist die Stunde.

»Bitte sehr, Mevrouw.«

Die Tram fährt an. Nach dem flauen Gefühl von vorhin geht es ihr inzwischen deutlich besser. Als würde ihr die ganze Welt zu Füßen liegen! Ich schenke Ihnen die ganze Welt, sagt das lachende Gesicht des Straßenbahnfahrers. Ich kenne keine Vorurteile. Solche Gesichter hat sie in ihrem Leben schon öfter gesehen. Von nun an ist alles möglich, hier in der Tram: ein Ballsaal, eine swingende Reisegruppe, eine Vergnügungsfahrt, das wilde Nachtleben dieses Sommers. Dramen voller Leidenschaft. Doch was vorbei ist, ist vorbei. Nach vorn schauen! Am besten, sie denkt an ein Bataillon behelmter Soldaten, das im Gänsemarsch vorbeidefiliert. Die haben wenigstens ein Ziel. Andererseits fragt sie sich manchmal, wie lange diese Soldaten das durchhalten. Wo sind sie aufgebrochen, wie lange bleiben sie noch weiter im Takt, wenn sie die Tribüne mit den Würdenträgern passiert haben? Bis sie das Ende der Straße erreicht haben und abgebogen sind? Und dann? Ein Lächeln umspielt ihre Lippen. Vermutlich ist es genauso wie bei einer Modenschau. Sie hält sich an einer Schlaufe fest. Jetzt bloß nicht zurückblicken, bloß nicht! Lass es auf sich beruhen, such dir einen Platz, pass auf deinen Koffer auf, setz dich und hol tief Luft. Es ist vorbei. Wie gut sie sich noch daran erinnert, wie es ihr ergangen ist, tagein, tagaus. Diese Müdigkeit, diese unglaubliche Müdigkeit. Sie muss vergessen, dass sie ihre Kinder dort in dem Haus zurückgelassen hat. Sollte sie doch einmal daran denken, dann so, als ginge es nicht um sie: Das sind nicht ihre Kinder, sie ist nicht ihre Mutter, sondern jemand anderes, frei wie ein Vogel, ein Rätsel und nach wie vor nicht zu packen, nicht zu zähmen. Sie muss vergessen, dass sie sie nie mehr wiedersehen wird. Das redet sie sich zumindest ein: Ich werde sie nie mehr wiedersehen, ich lasse alles hinter mir. Das furchtbare Haus mit den vielen Treppen. Ihren Mann Joachim, den sie nicht mehr ertragen hat, trotz aller Bemühungen. Er ist nur noch ein undeutlicher Schatten, ein Fleck. Etwas, das den Blick trübt. Ein Fett- oder Tintenspritzer, der einem die Laune verdirbt. Sosehr sie auch in seine Richtung gestarrt hat, mehr war nicht zu sehen. Es gibt keine mildernden Umstände, im Gegenteil, nur erschwerende Umstände! Das muss einfach verdrängt werden, weg mit diesem Fleck, der alles immer und überall nur beschmutzt hat: das Gesicht ihrer Kinder, die Fenster und Türen, die Dachziegel, ja sogar den wolkenlos blauen, sommerlichen Morgenhimmel. Was war das denn für ein Leben? Nichts als schuften für einen Schandfleck. Was geht nur in ihr vor? Wonach sehnt sie sich? Nach *ihm*! Nach *ihm*! Danach, sich von den schrecklichen Einschränkungen der Mutterschaft zu befreien! Auch wenn alle sagen, dass sich das für eine Mutter nicht gehört. In ihren Augen sind alle Mütter uralte faltige Jungfern ohne jede Zukunft. Sie sieht die Mütter, wie sie sich abhetzen, schwitzen, schleppen und schuften, mit ihren Einkaufstaschen, Besen und Lappen. Unzählige Male hat sie sich vorgestellt, wie es wohl wäre, wenn sie einfach fortginge. Fort aus der Hölle. Sie weiß noch, was sie damals dachte, in Dortmund im Schutzkeller: dass sie unter Schutt und Trümmern sterben würde. Und hier, in dieser Tram, wartet zum ersten Mal seit 1943 wieder ein Paradies auf sie. Zu ihm! Hinter ihr schließen sich fröhlich klappernd die Falttüren. Der Fahrer betrachtet sie, gibt zwar vor, die Fahrgäste im Blick zu behalten, den Knopf für die Türen zu bedienen und das Geschehen auf der Straße zu beobachten, aber er schaut sie an. Es ist, als wäre sie wieder ein Mädchen von siebzehn Jahren.

Saskia Goldschmidt

DIE LUMPENKÖNIGIN

Trau keinem über dreißig malte ich in großen roten Buchstaben außen auf meine Zimmertür. Es war einer der
Sprüche, die sich 1967 während des berühmten *summer of love* in Amsterdam verbreiteten, zusammen mit
dem Haschischqualm, den langen Haaren, gefärbten
Brillengläsern, nackten Füßen und Blumenketten und
den singenden, klampfenden Troubadours wie in den
Straßen von San Francisco. Der Spruch war auch ein
Hieb gegen meine Mutter, die ich mehrmals »ja, reib's
mir unter die Nase« murmeln hörte. Sie war in diesem
Jahr einunddreißig geworden. Es war der Sommer vor
meinem Wechsel zur Mittelschule, und ich hätte ihn
am liebsten ausschließlich im Vondelpark verbracht,
der sich damals mit Horden junger Leute füllte. Sie
nahmen den bisher so sorgfältig gemähten Rasen in
Besitz, zündeten Lagerfeuer an und versetzten sich
in Tanz- und Zärtlichkeitsekstasen, gleichgültig gegenüber den Reaktionen der ordentlichen Amsterdamer Bürger, die mit Entsetzen die Verwandlung ihres
Stadtparks in das Flower-Power-Zentrum Europas
beobachteten. Ich hörte die Reden und Parolen der
amerikanischen Kriegsdienstverweigerer, *heyheyhey,
LBJ, how many kids did you kill today*, und die endlosen
Diskussionen, in denen die Älteren den jungen Leuten vorhielten, dass wir auch die so ausgelassen ge-
feierte Freiheit dieses Sommers dem amerikanischen
Militär zu verdanken hätten und all die Hippies ihre
Altersgenossen die Drecksarbeit im fernen Asien tun
ließen, während sie hier Ferien machten. Dem wurde

widersprochen: Von wegen Ferien, hier werde hart an einer neuen Weltordnung gearbeitet, an einer radikalen Abrechnung mit dem Establishment und dem gierigen Kapitalismus. Nicht zufällig sang Dylan »*The Times They Are a-Changin'*«. Ich hörte den Hippies zu, die gerade in ihren bunt bemalten Rostlauben vom Afghanistan-Trip zurückgekehrt waren und jede Menge Hasch, östliche Weisheiten und stinkende Schaffellmäntel mitgebracht hatten. Ich sah, wie Leute LSD-Pillen schluckten und sich dann nackt in den Teich stürzten oder weinend die Zartheit eines Gänseblümchens besangen, und ich nahm mir vor, mich niemals so gehen zu lassen. Außerdem bemerkte ich auf dem Boden immer mehr Decken, auf denen Perlenketten, Haschisch-Kekse, Gedichtbände und Tarotkarten ausgelegt wurden.

Zu Hause nahm ich mir aus der Geldkassette meiner Mutter zwei Fünfundzwanzig-Gulden-Scheine, von denen ich auf dem Lapjesmarkt in der Westerstraat verschiedene Sorten geblümten Stoffs kaufte. Daraus nähte ich auf der Singer-Nähmaschine Blümchenhosen mit weiten Beinen und Gummiband in der Taille, eine nach der anderen. Ein Kinderspiel, und nach ein paar Tagen breitete auch ich im Park eine Decke auf den Boden und legte meine Hosen aus. Ich hatte eine freie Stelle neben einem Italiener mit schweißglänzendem Gesicht gefunden, der trotz der Hitze ängstlich seine gefranste Cowboy-Lederjacke anbehielt, weil sein ganzes Image davon abhing. Er verkaufte Shillums, indische Pfeifen, mit denen man bei einer bestimmten Technik den Rauch besonders tief inhalieren konnte, was angeblich die Wirkung des jeweiligen Stoffs verbesserte. Auf der anderen Seite saß ein amerikanisches Paar. Der Mann sang den ganzen Nachmittag lang den einen Hit von Scott McKenzie, er quäkte das »*If you are going to San Francisco*« so jämmerlich falsch, dass immer mehr Leute ringsum riefen: »*Go man, go now, Haight-Ashbury is over there*«. Die Frau pries lautstark und mit allerlei Phrasen über den Weltfrieden ihre Perlenketten an. Ich pries meine Ware gar nicht an, sondern setzte mich einfach ruhig ins Gras und wartete ab.

Es dauerte nicht lange, und das Interesse an meinen Hosen war um einiges größer als das an den Shillums oder Ketten. Es wurde ein richtig gutes Geschäft, der Mantelmann wäre stolz auf mich gewesen. Ich verlangte sieben Gulden fünfzig für eine Hose und verkaufte innerhalb einer Stunde genug, um meiner Mutter das Geld zurücklegen zu können. Nach drei Stunden war ich alles los und hatte den ersten Gewinn meines Lebens gemacht. Von da an fertigte ich keine Barbiekleider mehr an, keine Miniaturen, sondern nur noch Blümchenhosen, Westen, Blusen, Haar- und Armbänder. Die Fantasiewelt meiner überladenen Minizimmer und Modeentwürfe war im Park in einer Hippieversion Wirklichkeit geworden, und so bewegte ich mich tatsächlich in dieser magischen Welt. An jedem Montag dieser eigenartigen Sommerferien kaufte ich auf dem Lapjesmarkt meinen Stoff ein; jeden Vormittag nähte ich, und nachmittags verkaufte ich meine Ware im Park oder auf dem Dam, wo die Hippies inzwischen auch das Nationalmonument in Beschlag genommen hatten.

Als meine Mutter sich beschwerte, ich würde zu oft ihre Nähmaschine benutzen, kaufte ich mir auf dem Waterlooplein eine altmodische Tretnähmaschine. Ich verdiente mehr Geld, als ich je zuvor gesehen hatte. Meine Mutter wollte zuerst nicht glauben, dass diese komischen Blümchensachen so viel einbrachten, und sprach verächtlich von »formlosem Mist«. Sie hatte Recht. Verglichen mit den Kleidern, die sie nähen konnte, waren die Sachen nicht viel wert; umso schwieriger war es für sie, zu akzeptieren, dass ich, noch keine dreizehn, damit gut verdiente. »Wenn das so weitergeht«, sagte sie bissig, »kannst du demnächst Kostgeld zahlen.« Natürlich ging es nicht so weiter. Auch auf diesen langen, sonnigen *summer of love* folgte schließlich ein Herbst, die meisten der ach so freien Hippies kehrten in ihre Heimatländer zurück, auf die Schulbänke oder in die Hörsäle. Und auch ich ging wieder zur Schule, wo ich aber vor allem neue Entwürfe zeichnete und über das Ausbessern der sehr speziellen Kleider nachdachte, die ich aus den Altkleiderhaufen auf dem Waterlooplein zog.

Weil ich schon meine Erfahrungen mit Modetrends gemacht hatte, weil ich Augen und Ohren offen hielt, und nicht zuletzt, weil ich von klein auf gelernt hatte, was handwerkliches Können, Qualität und Originalität sind, gehörte ich, als dann die Moderevolution ausbrach, zu den Ersten, die das erkannten.

Karel van het Reve

AMSTERDAM, 30. APRIL

Manch einer, der im Inneren Afrikas lebt, würde vielleicht gern einmal wissen wollen, wie die Ereignisse des 30. April in Amsterdam auf einen Bewohner dieser Stadt gewirkt haben. Das werde ich Ihnen erzählen. Wir wohnen im Zentrum, und unsere Fenster gehen zur Magere Brug hinaus. Wir haben Radio und Fernsehen, allerdings ist unsere Antenne kaputt. Zwar verfügen wir noch über eine Hausantenne, doch damit erkennt man nicht viel. Sich also vor die Glotze zu setzen und alles zu sehen, war nicht möglich. Wir hätten es außerdem sowieso nicht getan, weil die Sonn- und Feiertage bei uns zu Hause die Tage sind, an denen das Telefon schweigt und somit gearbeitet werden kann. Blieb das Radio. Es war bekannt, dass die Rundfunkanstalt VARA zusammen mit dem STAD Radio Amsterdam eine Reportage zu den Versuchen machen würde, die Amtseinführung von Königin Beatrix zu stören, doch keiner von uns beiden hatte Lust, Radio STAD einzuschalten. Wenn man alt und reaktionär ist, ärgert man sich zu sehr über eine solche Sendung. Es ärgert einen sogar noch mehr als die Oranjeschwärmereien, die früher an solchen Tagen im Radio liefen – ebenso kriecherisch und dumm und ebenso vorhersagbar. Blieb also die offizielle Berichterstattung übrig, der wir ab und zu lauschten und aus der Sie wahrscheinlich dieselben Ausschnitte gehört haben wie wir. Der Unterschied zwischen Ihnen und uns bestand darin, dass den ganzen Tag über ein Hubschrauber über unseren Köpfen stand. Ich kann Ihnen versichern, dass das äußerst unangenehm ist. Es stellt sich dabei ein Gefühl der Gereiztheit ein. Bei manchen Amsterdamern richtete sich diese Gereiztheit gegen die Königin, die Amtseinführung, Bürgermeister Polak und die Mobile Einheit. Bei mir, einem bornierten Reaktionär, richtete sie sich vor allem gegen Radio STAD, die VARA, die Hausbesetzer und die Demonstranten. Des Weiteren hörten wir ein wenig Lärm, der aus der Richtung der Blauwbrug kam – einen Steinwurf von unserem Haus entfernt –, doch sehen konnten wir nichts außer den Wasserwerfern der Polizei, die auf der gegenüberliegenden Seite der Amstel am Theater Carré vorbei zum Schlachtfeld eilten. Außerdem hörten wir Explosionen, von denen wir später erfuhren, dass es Tränengasgranaten waren. Höhepunkt des Tages war für uns der Moment, an dem eine Reihe dunkelfarbiger Transporter mit vergitterten Scheiben dicht vor unserer Tür hielt. Etwa fünfzig Mitglieder der Mobilen Einheit kamen heraus. Sie sahen wunderschön aus: dunkle Uniformen, ohne irgendwelchen Schnörkelkram, große Motorradhelme mit Visier, in der linken Hand einen Schild und in der rechten Hand etwas, das man, glaube ich, einen »Mehrzweckstock« nennt. Sie sperrten die Magere Brug auf beiden Seiten ab. Wir schauten aus dem Fenster und dachten: Jetzt werden wir endlich selbst sehen können, wie sich Befürworter und Gegner der Monarchie zu Leibe rücken. Ich überlegte noch kurz, ob ich unser Auto, das zwanzig Meter von der Frontlinie entfernt stand, ein paar Grachten weiter abstellen sollte, doch ich finde, man sollte in solchen Fällen das Schicksal nicht herausfordern. Wenn es die Bestimmung dieses Autos ist, von Gegnern der Umweltverschmutzung in Brand gesetzt zu werden, wird es sowieso in Brand gesetzt, auch wenn ich es bis in die Apollolaan bringe. Nun denn, auf beiden Seiten der Magere Brug hatte also die Mobile Einheit Stellung bezogen. Passanten blieben neugierig stehen, und auch Motorradfahrer fuhren hin und her, die mit einer Hand ihr Fahrzeug lenkten und sich mit der anderen einen Radioempfänger ans Ohr hielten. Sie hörten, wie wir wussten, den Polizeifunk ab und bekamen von Radio STAD Hinweise, wo es für die Liebhaber des Steinewerfens etwas zu tun gab. Doch bei der Magere Brug wurde nicht gekämpft. Die Verteidiger der öffentlichen Ordnung sprangen irgendwann wieder in die Transporter und verschwanden aus unserem Blickfeld. Sie, die Sie in Zentralafrika leben, müssen also nicht meinen, dass Sie weniger von den Unruhen in Amsterdam gehört und gesehen haben als jemand, der mitten in dieser Stadt wohnt. Vielleicht kann das ein Trost sein.

26. Juni 1980

A. F. Th. van der Heijden

DIE SCHLACHT UM DIE BLAUBRÜCKE

»PUT THE CROWN/UPSIDE DOWN« las ich im Vorbeigehen an einem Pfeiler des Studentenwohnheims in der Weesperstraat. Die nächste Betonsäule trug den apodiktischen Text »KEINE WOHNUNG/ KEINE KRÖNUNG«, während eine dritte in Schwarz hingepinselten Buchstaben und Ziffern die Zahl der in Amsterdam leerstehenden Wohnungen angab: 8488.

Von der Brücke über die Nieuwe Herengracht fiel mein Blick anschließend auf ein Transparent, das eine ganz andere Sprache sprach:

DANKE JULIANA ... ES LEBE DIE NEUE KÖNIGIN! Föderation für den Weltfrieden

Es hing über die volle Breite der Häuserreihe hinter dem Dockarbeiterdenkmal. Der Unterzeichner des Textes war also wohl der Organisator der tausendköpfigen Demonstration, die sich um das Standbild versammelt hatte – wenngleich die große Zahl der über den Köpfen flatternden roten Fahnen mich wieder zweifeln ließ ...

Als ich weiterging, um mir diese roten Oranierfans mal aus der Nähe anzusehen, fiel mir auf, dass Bewegung in der Menge war: Über die nordwestliche Spitze des dreieckigen Platzes strömte die Menschenmenge langsam weg ... gurgelnd ... wie durch einen Trichter ... und formierte sich zu einem Zug. Aus einem Lautsprecherwagen der Polizei kamen krächzende Mitteilungen, die in Hohngeheul untergingen. Der

Demonstrationszug folgte den Zebrastreifen rund um den kreisförmigen Mr. Visserplein, der den Jonas Daniël Meyerplein mit dem Waterlooplein verbindet. Hier hatten Kahlschlag und Grachtenzuschüttungen eine Überfülle an Plätzen in allen möglichen geometrischen Figuren entstehen lassen. Der Waterlooplein, jetzt noch ein Geviert, stand sogar als ein Kubus auf der Vorschlagsliste.

Mir war immer weniger klar, wofür oder wogegen hier eigentlich demonstriert wurde. Es gab Fahnen und Transparente mit den unterschiedlichsten Buchstabenkombinationen. PSP, ASVA, JS, QX, RRR, AM … bis hin zu BVD, was wohl kaum Binnenlandse Veiligheidsdienst, Staatsschutzbehörde, heißen sollte … Hier und da zog ich eine Fahne glatt, um das Emblem entziffern zu können. »Atomwaffenfreie Zone«-Zeichen, Zeichen der Hausbesetzerbewegung, V-Zeichen, Zeichen der Umweltschützer … Am augenfälligsten waren Fahnen mit der Abbildung einer Faust, in der die bekannte Rose fehlte. Ich erkundigte mich links und rechts, aber keiner konnte mich viel schlauer machen. Das Flugblatt, das mir von einem Mädchen in die Hand gedrückt wurde, war infolge des überreichlichen Gebrauchs von Matritzendruckfarbe so gut wie unlesbar, mit Ausnahme des stets wiederkehrenden Wortes »Autonome« (»die Autonomen …« »wir Autonomen …«).

Wer, Autonome?

Vom Jonas Daniël Meyerplein zogen immer mehr Demonstranten ab. Der Dockarbeiter blieb einsam zurück, die Pranken zu jener doppeldeutigen Gebärde erhoben, die ebenso sehr Ohnmacht wie Tatkraft ausdrückt …

Nachdem ihn die letzten Demonstranten verlassen hatten, sah ich an einer Seite seines Sockels die in Weiß gemalte Karikatur eines ME'lers, eines Angehörigen der Mobilen Einheit, wie sie seit der Vondelstraat-

Affäre an immer mehr Hauswänden prangte: ein Schild so groß wie die Welt, hinter dem Helm, Schlagstock und Schuhe Größe 54 hervorlugten.

Noch immer neugierig, schloss ich mich dem Demonstrationszug an, zu dem ich nur insofern gehörte, als ich in ihm mitmarschierte – aber vielleicht galt das für alle Teilnehmer. Der Zug verließ den Kreisel und bewegte sich entlang der Ostseite des Waterlooplein in Richtung Amstel. Ein paar Motorradpolizisten nahmen die Sache in Augenschein und waren genauso schnell wieder verschwunden. Hoch über uns nervte der Hubschrauber.

Auf dem Waterlooplein wurde zwischen Zelten zögernd gefeiert. Vor der Mozes-en-Aäron-Kirche herrschte reges Treiben rund um eine Skateboardbahn, die ich dort noch nie gesehen hatte. Zwischen zwei kleinen Mauern lag eine perfekt halbrunde Mulde, ausgekleidet mit dickem Stahlblech, wie es für Schiffsrümpfe verwendet wird. Die Bahn selbst glich dem Stück einer riesigen Röhre, die in der Mitte horizontal durchgesägt war. Ein Junge auf seinem Skateboard, die Arme für die richtige Balance ausgebreitet, beschrieb mit dem Gleichmaß eines Uhrpendels stets aufs Neue den Halbkreis – von dem einen höchsten Punkt über den tiefsten zum anderen höchsten und wieder zurück. Mit äußerster Präzision wendete er, oben angekommen, jedes Mal sein Brett, auf dem das Markenzeichen zweier ineinander verhakter Bumerangs extreme Wendigkeit garantierte. Er wurde von einem Rollschuhläufer abgelöst, der auf dem Mäuerchen jedes Mal einen momentlangen Handstand machte, um so, mit den Beinen in der Luft, den Kreis weiterzuzeichnen. Es war nicht mehr als ein Antippen: Eigentlich hing er, losgelöst von der Erde, kopfüber in der Luft, wie ein Kosmonaut.

Unablässig nach dem Grund der Demonstration fragend, zwängte ich mich zwischen den Leuten langsam bis zur Spitze des Zuges durch. Aus dem Dunkel – in dem ich mich lange Zeit nur zurechtgefunden hatte wie ein Tier in seinem Revier, indem es ausschließlich das sieht, was von unmittelbarem Nutzen für es ist – war ich hier, heute im Licht gelandet … Jetzt konnte ich keine Unklarheiten mehr ertragen.

Die Antworten waren allerdings alles andere als übereinstimmend.

»Wir sind Autonome … wir wollen Selbstverwaltung …« »Eine Republik …!« »Nieder mit der Monarchie!« »Verweiger den Wehrdienst …« »Komm zur PSP … für Frieden und Sozialismus.« »Es lebe Oranien.« Auf einem Transparent las ich: »A house! A house! My kingdom for a house!«

Nur über das Ziel schien man sich einig zu sein: der Dam. »Absperrgitter weg vom Dam …!«

Vielleicht konnte die gewählte Marschroute ja etwas über den Grund der Demonstration sagen … Jedenfalls führte sie schnurstracks durch den am stärksten bedrohten und am übelsten zugerichteten Teil Amsterdams: Rechts war ein ganzes Viertel mit Grachten und allem anderen verschwunden (sogar die Trödler hatten sich von der Sandfläche vertreiben lassen; die Flöhe waren ihnen nicht zu dem ordentlich überdachten, gepflasterten Platz ein Stück weiter gefolgt) … links waren Gebäude mitsamt den Pfählen aus der Erde gerissen worden, um die Stadt unterirdisch weiterbauen zu können … Hinter uns lagen das abgerissene Nieuwmarktviertel, die in die Enge getriebenen Synagogen, die halbierte Straße Rembrandts … und vor uns der hart geprüfte Platz, der den Namen des Malers schon längst nicht mehr in Ehren hielt.

Unter großer Plackerei war die Stadt aus dem Morast gestampft worden; aus purem Schlamm hatten unsere Vorfahren sie modelliert und so mit eigenen Händen das Unmögliche möglich gemacht. Das Wasser blieb in Gräben zwischen den Häusern stehen …

Und nachdem diese unmögliche Stadt ihre prächtigste Form erlangt hatte, hatten die Kleingeister begonnen, sie Stück für Stück wieder abzureißen. Unauffällig: eine zugeschüttete Gracht hier ... eine verfallene Gasse da ... In unserem Jahrhundert immer offener und dreister, mit der Arroganz, die zu dieser Zeit gehört, und in beschleunigtem Tempo. Die Herren der Stadt kamen mir zunehmend wie aufmüpfige Kinder am Ende eines heißen Strandtages vor: Einmal angegriffen von der knabbernden Flut, wird die mit so viel Sorgfalt gebaute Sandburg in einem Taumel der Zerstörungswut dem Erdboden gleichgemacht ... Noch benommen von der Anstrengung, die es gekostet hat, Zinnen in den feuchten Sand zu schneiden, stoßen sie Türme um ... zertrümmern mit ihren Schaufeln die Muscheln, mit denen die Dächer verziert sind ... verschwinden nach einem Anlauf bis zu den Leisten in den Wällen ... Der Schlossgraben füllt sich mit Schutt. Oh, es ist ja so herrlich, zu zerstören, was unter so großer Mühe zustande gekommen ist ... Eine Neigung, die in uns allen steckt. Nur, bei Kindern klingt in dem Gejohle, das diesen Rausch begleitet, immer noch ein wenig Bedauern mit.

Gerade durch die Beibehaltung des ursprünglichen Straßen- und Grachtenplans traten die Wunden des Stadtkerns immer schmerzlicher zutage. Auch wenn man von den bröckeligen Resten der Schneide- und Backenzähne zum Zwecke der Anfertigung eines neuen Gebisses einen Gipsabdruck nimmt und dieses Gebiss exakt an die Stelle des alten kommt, ist und bleibt es falsch: so falsch wie die Pest. Ein Einwohner muss kein ausgesprochener Liebhaber alter Giebel sein, um durch das Verschwinden des Vertrauten aufs Heftigste irritiert zu werden. Eine Irritation, die sich, zum großen Teil unbewusst, bemerkbar macht, wenn er sich einer Straße oder einem Platz nähert, wo das alte Stadtbild allzu abrupt unterbrochen wurde. Ein solcher Einwohner kann möglicherweise nicht genau benennen, was fehlt, geht aber mit Kummer im Herzen weiter. Mit jedem abgerissenen Haus stirbt man mit.

Vielleicht war es diese unbewusste, sich mit Initialen und Emblemen maskierende Irritation, die die Meute zum Dam und zur Nieuwe Kerk trieb – welche Sux Cox zufolge völlig kaputtrestauriert worden war für eine Summe, mit der man sämtliche zugeschütteten Grachten wieder hätte freilegen können.

Ich bewegte mich schneller als die Menge. In dem Moment, als ich die Spitze des Zuges erreichte, setzten die vordersten gerade den Fuß auf Amsterdams schönste Seinebrücke (benannt nach einem nassauisch-blauen Vorgänger aus einer Zeit, als der Name noch nicht ausschließlich mit dem Orange des Hauses Oranien verbunden war). Sofort kamen aus der Amstelstraat drei Mannschaftswagen der Polizei auf die Brücke gefahren. Sie blieben nebeneinander stehen. Der Kommandant stieg aus und ging auf den Demonstrationszug zu, der zwischen den vordersten Kronlaternen zum Stehen gekommen war. Der Mann wollte noch einmal seine Ansicht zur richtigen Demonstrationsroute zum Besten geben. Ausgetüftelte Strategie oder Missverständnis, wie dem auch sei: Noch während der Beratungen, die sich allerdings gleich zu Beginn festzufahren drohten, fuhren weitere Mannschaftswagen aus der Amstelstraat auf die Brücke. Aus einem Lautsprecher tönte der Befehl an die Insassen, auszusteigen.

»ME … Kampfaufstellung!«

Der Unterhändler konnte seine eigenen Worte nicht mehr verstehen. Die Wagen leerten sich, und im Nu waren, drei Reihen tief, von Brückengeländer zu Brückengeländer Girlanden aus den gleichförmigen Figuren gespannt, wie Kinder sie manchmal aus einem mehrfach gefalteten Papierstreifen ausschnei-

den. Das Modell hatte ich bereits am Sockel des Dock-
arbeiters gesehen. Schwarze Uniformen. Rechts der
Schlagstock, links der Schild, darüber der weiße Helm
mit heruntergelassenem Visier. Beine provozierend
gespreizt. Die Jungs von Kommissar Schöner Kees.

Der Vermittler zog sich eilends zurück.

Ich folgte ihren Blicken, die von den spiegelnden Vi-
sieren über die Meute gerichtet zu sein schienen, und
schaute über die Schulter zurück. Was ich sah, konnte
auch ihnen unmöglich entgehen: Sie blickten auf so
etwas wie ihr eigenes, auf den Kopf gestelltes Spiegelbild. Genau wie sie trugen auch die Skateboarders
Helme, Schulterpolster und Beinschützer, allerdings
wurden sie dadurch nicht roboterhaft und schwerfällig,
sondern leicht wie Federn. Die kleinen Räder in der
Luft, sah man sie im Sekundentakt über das Mäuerchen witschen, in grellfarbigem T-Shirt, das durch die
Polster ausgebeult war. Mal war eine behandschuhte
Hand zu sehen, mal ein behelmter Kopf … ein katzen-
haft gekrümmter Rücken … Sie ließen sich von nichts
stören, nicht einmal von der Schwerkraft, so vertieft
waren sie in ihr Spiel aus reiner Bewegung. Herumtol-
lende Hasen in einer Dünenmulde … Meine Rührung
wurde nur noch von blankem Neid übertroffen.

Als ich wieder nach vorn schaute, zerplatzten gerade die ersten Farbbeutel an den mit Plastik straff
bespannten Schilfschilden. Vor meinen Augen ent-
standen großartige Jackson-Pollock-Bilder, sublimer
als die des Meisters selbst. Rosa, weiße, blaue und
grüne Farbspritzer, verbunden durch dünne Schlieren,
gerade, gebogen, spiralförmig … Immer neue Farben
kamen hinzu.

»ME … Attacke!«

Von Farbe triefend kamen die Roboter auf uns
zumarschiert. Immer besser konnte ich die Darstel-
lungen auf ihren Schilden erkennen: seltsame Stern-
bilder … unbekannte Milchstraßensysteme … das

ganze, sich ständig weiter ausdehnende All … Und das alles unter einem plötzlichen Meteoritenhagel …

Wenn der Text auf dem Transparent (»A house! A house! My kingdom for a house!«) das Ziel der Demonstration am besten wiedergab, hätte man auch sagen können: Es begann Häuser zu hageln … in ihren kleinsten Bestandteilen: Steinen.

Der Demonstrationszug hatte sich blitzartig zerstreut. Die Demonstranten trippelten so leichtfüßig beiseite, als ginge es ihnen nur darum, nicht nass zu werden … Die langen ME-Knüppel sausten auf die Art von Sturzhelmen herab, deren Tragen einst von Verkehrsminister Westerterp zur Pflicht gemacht worden war: Er musste die Krawalle vorhergesehen haben … Ungeachtet der unklaren Absichten der Demonstration waren die Aufgaben, wie sich jetzt herausstellte, intuitiv äußerst präzise verteilt. Jungs mit Brechstangen hoben auf beiden Seiten der Brücke Platten aus den Gehwegen, die andere Behelmte, mit ledernen Handschützern, auf dem Asphalt zerspringen ließen: Die Trümmer wurden auf die Mobile Einheit und auf die hin und her fahrenden Mannschaftswagen geschleudert. Ab und an segelte sogar ein Verkehrsschild durch die Luft, samt Pfosten. Alles wurde wie von einem riesigen Magneten angezogen – selbst der Hubschrauber, der, langsam tiefer gehend, in immer kleineren Kreisen über dem Kampfschauplatz flog …

»ME … Rückzug!«

Die meisten ME'ler zogen sich rückwärts zurück, um sich bis zur Deckung durch die Mannschaftswagen mit ihren Schilden gegen die Steine zu schützen. Bei vielen Schilden hing die Plastikbespannung in Fetzen herunter.

Zögernd hob ich einen Stein auf: das Eckstück einer Gehwegplatte, dreieckig, mit einer rauen und zwei glatten Kanten. Er passte genau in meine Hand. Doch bevor ich irgendetwas damit anfangen konnte, hüllte sich der Schauplatz mit ein paar Knallen in die weißen Wolken eines scharfen Gases, das mir wie ein Fallbeil den Atem abschnitt. Nur für einen Moment, denn der Wind trieb das Tränengas zurück auf die Brücke … Über dem dichten Nebel erhoben die Laternen hoffärtig ihre Kronen.

»ME: Attacke!«

Aus dem Nebelvorhang kamen sie wieder zum Vorschein, nun mit Satyrmasken auf dem Gesicht, die noch nachdrücklicher außerirdische Roboter aus ihnen machten. Einer von ihnen rückte mir mit seinem Rüssel so nahe, dass ich lesen konnte, was auf der Maske stand: *Auergesellschaft GmbH / Schraubfilter 89.* Natürlich, die internationale Sprache des Gases war Deutsch.

Die Attacken folgten jetzt in schnellem Tempo aufeinander. Lag es an meiner »anständigen« Kleidung, mit der ich nachts ihre Kollegen irreführte, dass ich in Ruhe gelassen wurde? Sie liefen dicht an mir vorbei, ich hörte das Sausen des Schlagstocks, doch Schläge blieben mir erspart. Ich schien unverletzbar wie Pierre auf dem Schlachtfeld von *Krieg und Frieden.*

Auf beiden Seiten gab es Verletzte, bei der Mobilen Einheit waren es mehr. Auf dem Waterlooplein war die Oper in vollem Gang. Überall ertönten schrille Arien. Und immer wieder musste ich mich kurz nach den in ihrer Dünenmulde purzelbaumschlagenden Kaninchen umsehen: ihre Unbeirrbarkeit, Selbstgefälligkeit, was die pure Bewegung betraf … Sie gehorchten einzig und allein dem Bedürfnis, ihre Muskeln, Kraft und Behändigkeit einzusetzen. Ihre wieselflinken Bewegungen ließen das Auftreten der Mobilen Einheit noch schwerfälliger erscheinen. Hier war nichts von der Geschmeidigkeit zu erkennen, die wir uns bei einer Kampfszene vorstellen. Es schien, als seien die Polizisten nur dazu da, die Steine aufzufangen.

Der nächste Befehl zum Rückzug wurde gar nicht erst abgewartet. Der Steinhagel war so dicht geworden, dass die ME'ler auf kürzestem Wege in ihre Wagen zu flüchten versuchten. Um ihnen Deckung zu geben, fuhren andere Wagen auf die Steinewerfer los. Was ich zu sehen bekam, war keine gewöhnliche Streitbeilegung unter feigen Händlern, sondern ein Versuch, die Ordnung aufrechtzuerhalten bis zum Tod …

Plötzlich waren sie da: die Pferde. Zehn, zwanzig auf einmal, aus einer Richtung, aus der sie am wenigsten erwartet wurden. Das Steinewerfen ließ kurzzeitig nach – vielleicht wegen der Verletzbarkeit der Tiere. Doch schon bald ging ein derart schwerer Schauer von Steinplattenteilen auf die Reiterei hernieder, dass es schien, als durchbräche die berittene Polizei, aus der Kloake oder aus den Kellern des ehemaligen Judenviertels kommend, ein imaginäres Pflaster. Die Pferde schüttelten die Steine wie Hornissen ab. Ein Polizist wurde aus dem Sattel gehoben, fiel von seinem Reittier und wurde eingekreist. Mit blutendem Gesicht lag er am Boden. Ein Teil des Menschen kam unter der Uniform zum Vorschein, weshalb er von den Umstehenden, einschließlich derjenigen, die ihn beworfen hatten, wieder in den Sattel gehoben wurde. Ich hatte die Angst in seinem Gesicht gesehen. Erneut hoch zu Pferd, hob er dankend die Hand, doch jetzt musste die Hilfsbereitschaft wettgemacht werden.

»Ivanhoe …!«, rief jemand, der dazu die Hände an den Mund legte. Der Ruf wurde von anderen aufgenommen. »Ivanhoe! Ivanhoe!« Und während er davongaloppierte, um sich das Blut von der Nase zu wischen, erschallte das Lied, das von der *Ivanhoe*-Serie im Fernsehen her bekannt war.

»Aai van ho-hooo …!«

Bei Stierkämpfen werden den Pferden Matratzen angelegt; hier auf dem Waterlooplein waren sie tausend spitzen Hörnern ausgesetzt. Nichts ist trauriger als ein blutendes Pferd: Zuerst scheint es nur an einigen Stellen harmlos nass von Wasser oder Schweiß – bis man die roten Tropfen in den Staub fallen sieht.

Nach der Attacke der Reiterei drang aus den Reihen des Fußvolks an der Brücke ein furchteinflößendes Getrommel. Ich schaute hin und sah, dass die ME'ler mit dem dicken Ende des Schlagstocks auf das straffe Fell ihrer Schilde trommelten. *Sie applaudierten.* So klatschen Leute, die die Hände nicht frei haben …

Wie bizarr, diese Wesen Bewunderung und Beifall äußern zu sehen, ohne dass sonst irgendetwas von ihnen daran teilhatte. Die Visiere blieben heruntergelassen, die Bewegungen steif und mechanisch … Ein ritueller Trommelwirbel, schaurig in seiner sprachlosen, archaischen Primitivität. Das musste Hass erregen, und das tat es auch. Die »Autonomen« ließen sich von dem Kampfgetrommel noch mehr aufstacheln und verdichteten den Steinhagel.

Wieder fuhren die Mannschaftswagen auf sie los, und es war nur der Flinkheit der Steinewerfer zu verdanken, dass niemand unter die Räder kam. Auch holperte ein Wasserwerfer mit geplatztem Reifen auf den Platz, doch der richtete nur ein Schlammbad an.

Noch immer kam ich nicht dazu, zu werfen. Der Stein wurde warm in meiner Hand.

Auf dem heugedeckten Dach seines Wohnboots stand, mit vom Wind aufgeplustertem weißem Haar und Bart, der Treibholzkünstler und schaute den Scharmützeln auf der Brücke zu, eher besorgt um seine schwimmenden Schuppen als aus Sensationslust.

Ein Rundfahrtboot fuhr von der Herengracht den Fluss hoch. Majestätisch schob es sich unter dem mittleren Brückenbogen durch und nahm langsam Kurs auf die Blauwbrug. Durch den Kampflärm drangen aus den Erläuterungen der Reiseleiterin Fetzen in drei, vier Sprachen an mein Ohr.

»On your right hand … American artist … still young, but completely white. No wonder, because he lives with at least five, I repeat, *five* women …«

Soweit mir bekannt war, hatte er nur eine. Sux Cox hatte einmal für ihn eine Jacke aus einem Postsack der PTT gemacht, die ich, als sie fertig war, mit ihr zusammen hinbrachte. Der Künstler hatte sich nach Kräften bemüht, auf dem Boot eine Art Urzustand herzustellen: Auf dem Boden lag überall Stroh, in dem Hühner herumscharrten – auf dem Bett jedoch eine elektrische Decke. Er hatte Sux für ihre Näharbeit mit einer eigenen Kreation entlohnt: einer rückwärts laufenden Uhr, die sie bei sich zu Hause im Flur gegenüber dem Spiegel aufgehängt hatte, denn »so kann man immer sehen, wie spät es ist«.

Viele Touristen standen im Boot und fotografierten die Szenen auf der Brücke. »Lovely …« »Sie krönen sich gegenseitig mit Steinen.« »Wenig verändert the last fifteen years.« »Please, be careful, dear … your precious camera …«

Nachdem ein Stein durch das offene Dach ins Boot gefallen war, waren alle Köpfe schlagartig verschwunden. Doch auf der anderen Seite der Brücke tauchten sie einer nach dem anderen, Kamera am Auge, wieder auf.

Cees Nooteboom

TÄUBCHEN

So war die Lage an jenem strahlenden Junimorgen, als auf der Brücke von der Heerenstraat zur Prinsengracht eine Taube direkt auf ihn zuflog, als wolle sie sich ihm ins Herz bohren. Stattdessen aber prallte das Tier gegen ein Auto, das aus der Prinsengracht kam. Das Auto fuhr weiter, die Taube blieb auf der Straße liegen, ein grauer, staubiger und plötzlich seltsam anmutender Gegenstand. Ein blondes Mädchen stieg vom Fahrrad und lief gleichzeitig mit Inni zu der Taube hin.

»Ist die tot, was meinst du?«, fragte sie.

Er hockte sich nieder und drehte das Tier auf den Rücken. Der Kopf machte die Bewegung nicht mit und starrte weiter auf die Pflastersteine.

»Finito«, sagte Inni.

Das Mädchen stellte das Fahrrad zur Seite.

»Ich bring's nicht über mich, das Tier anzufassen«, sagte sie. »Willst du es nicht aufheben?«

Solange die noch »du« sagen, bin ich noch nicht alt, dachte Inni und hob die Taube auf. Er mochte Tauben nicht. Sie besaßen überhaupt keine Ähnlichkeit mit dem, was er sich früher unter dem Heiligen Geist vorgestellt hatte, und dass es mit dem Frieden nie so recht etwas wurde, ging wahrscheinlich auch zu ihren Lasten. Zwei weiße, sanft gurrende Tauben im Garten einer toskanischen Villa, das ging noch, aber der graue Schwarm, der mit Sporen an den Stiefeln über De Dam marschierte (dazu noch diese idiotische, mechanische Pickbewegung in den Köpfen), der konnte nie und nimmer etwas mit einem Geist zu tun haben, der ausgerechnet diese Gestalt angenommen haben soll, um über Maria zu kommen.

»Was willst'n jetzt damit machen?«, fragte das Mädchen.

Inni schaute um sich und sah auf der Brücke einen kommunalwirtschaftlichen Holzkübel stehen. Dort ging er hin. Es war Sand darin. Darauf legte er die Taube sanft nieder. Erotisches Moment: Mann mit toter Taube, Mädchen mit Fahrrad und blauen Augen. Sie war schön.

»Da gehört die Taube nicht hin«, sagte sie. »Dann schmeißen sie die Arbeiter gleich ins Wasser.«

Ob die nun im Wasser oder im Sand verfault, dachte Inni, der stets verkündete, man solle ihn nach seinem Tode am besten in die Luft sprengen, aber das war jetzt nicht der passende Zeitpunkt, einen Meinungsaustausch über die Vergänglichkeit zu führen.

»Hast du's eilig?«, fragte er.

»Nein.«

»Dann gib mir mal den Beutel da.«

An ihrer Lenkstange ein Plastikbeutel vom Athenaeum Boekhandel.

»Was steckt'n da drin?«

»Ein Buch von Jan Wolkers.«

»Da kann die Taube auch noch rein«, sagte Inni. »Geblutet hat sie ja nicht.«

Er tat die Taube in den Beutel und hängte ihn an die Lenkstange.

»Setz dich mal hinten drauf!«

Er nahm das Fahrrad und fuhr los, ohne sich umzusehen.

»He!«, rief sie.

Er hörte ihren schnellen Laufschritt und merkte, dass sie sich auf den Gepäckträger schwang. In den Schaufenstern sah er den flüchtigen Widerschein dessen, was sich wie Glück ausnahm. Älterer Herr auf

Damenrad, hinten auf dem Gepäckträger Mädchen in Jeans und mit weißen Turnschuhen.

Er fuhr die Prinsengracht hinunter bis zum Haarlemmerdijk, und schon von weitem sah er, dass sich die Schlagbäume der Brücke senkten. Sie stiegen ab, und als die Brücke langsam in die Höhe kletterte, sahen sie die zweite Taube. Sie saß, als sei das überhaupt nichts Besonderes, in einem der offenen Metallträger unter der Brücke und ließ sich mit hochhieven, – wie ein Kind im Kettenkarussell. Einen Augenblick lang verspürte Inni Lust, die Taube, die im Plastikbeutel an der Lenkstange hing, hervorzuholen und ihrer langsam emporsteigenden, noch lebenden Kollegin wie ein Sühneopfer darzubringen, doch er glaubte nicht, dass das Mädchen Gefallen daran finden würde. Und überhaupt, was sollte eine solche Geste bedeuten? Er erbebte und wusste, – wie üblich, – nicht warum. Die Taube kam wieder herab und verschwand unverwundbar unter dem Asphalt. Sie radelten weiter bis zum Westerpark. Irgendwo in einem Eckchen grub das Mädchen mit ihren kleinen braunen Händen ein Grab in den schwarzen, feuchten Boden.

»Tief genug?«

»Für 'ne Taube bestimmt.«

Er legte das Tier, das den Kopf nun wie eine Kapuze auf dem Rücken trug, in die Grube. Gemeinsam schoben sie etwas lose Erde darüber.

»Wollen wir was trinken?«

»Ja.«

Etwas an diesem Minimaltod – entweder der Tod selbst oder das Ritual in Zusammenhang damit – hatte sie zusammengeführt. Jetzt musste etwas geschehen, und wenn das auch etwas mit dem Tod zu tun hatte, würde es zumindest nicht sichtbar sein. Er radelte die Nassaukade entlang. Schwer war das Mädchen nicht. Das war es, was ihm an seinem eigenartigen Leben gefiel: Noch beim Aufstehen hatte er nicht gewusst, dass er jetzt mit einem Mädchen auf dem Gepäckträger umherradeln würde, wohl aber, dass diese Möglichkeit immer bestand. Das verlieh ihm, dachte er, etwas Unüberwindliches. Er betrachtete die Gesichter der Männer in den Autos, die ihnen entgegenkamen, und da wusste er, dass sein Leben, der Unsinn dieses Lebens, das Richtige war. Leere, Einsamkeit und Angst, das hatte seine Nachteile, aber es gab auch Entschädigungen dafür, und das hier war eine. Sie trällerte leise vor sich hin, verstummte dann und sagte, als hätte sie einen Beschluss gefasst: »Hier wohne ich.« Es war eher ein Befehl als eine Bemerkung. Er gehorchte und bog, ihrem Fingerzeig folgend, in die Tweede Hugo de Grootstraat ein. Sie schloss ihr Fahrrad mit einer schweren Eisenkette am Pfahl einer Parkuhr an und öffnete eine Tür. Ohne etwas zu sagen, ging sie voran, eine nicht enden wollende Zahl von Treppenabsätzen hinauf. Die Promiskuität hatte in Amsterdam, vor allem wenn man sich den jüngeren Jahrgängen zuwandte, viel mit Treppen zu tun. Er kletterte ruhig hinter den federnden Turnschuhen her und regulierte seine Atmung so, dass er nicht keuchen würde, wenn sie oben ankamen. Dieses Oben lag sehr weit oben, ein Zimmerchen mit einem Dachfenster. Pflanzen, Bücher in einer Apfelsinenkiste, ein Poster von Elvis Presley, die Zeitschrift »Vrij Nederland«, atemberaubend kleine Slips, weiß und hellblau, über einer Leine vor dem offenen Fenster. Der Begriff des mit Melancholie vermischten Glücks, dachte er, ist ein Klischee, – ebenso wie dieses Zimmerchen und ich selbst in diesem Zimmerchen. Das ist alles schon einmal geschehen. Zwar muss man sich immer wieder aufs Neue danach sehnen, aber es ist alles schon einmal geschehen. Sie legte eine Platte auf, die ihm irgendwie bekannt vorkam, und ging dann auf ihn zu. Das hier war, wie er begriffen hatte, eine Generation, die keine Zeit verschwendete. Die zogen einen an und aus wie einen Handschuh, treffsichere Handlungen, die einer schnellen Beschlussfassung folgten. Am ehesten hatte das noch Ähnlichkeit mit einem Arbeitsverfahren.

Sie stand nun unmittelbar vor ihm. Sie war fast so groß wie er, und er schaute ihr unverwandt in die blauen Augen. Sie hatten auf ernst geschaltet, aber es war ein Ernst, dessen Boden man sehen konnte, ein Ernst ohne Strukturunterbau. Sie hatte noch nicht gelitten, und auch das war kein Zufall. Man konnte, so hatte er es gelernt, sich auch weigern zu leiden, und das tat man heute in großem Maßstab.

Er entkleidete sie, sie entkleidete ihn, und sie lagen nebeneinander. Sie roch nach Mädchen. Er streichelte sie, sie dirigierte seine Hand mehrmals über sehr kleine Abstände, sagte:»Nein, da nicht, hier«, und schien ihn dann zu vergessen. Der Körper als Schaltanlage. Sie wurde fertig, ohne Defekt am Motor. Das hatte, wie er fand, etwas sehr Reizvolles an sich. Seine eigene Leistung glich einem zu großen Auto auf einem kleinen englischen Landweg. Ein paar Jahre später würde die halbe amerikanische Autoindustrie an einem solchen Anachronismus zugrunde gehen. In Betten konnte man immer noch viel lernen. Er blieb noch ein Weilchen liegen und fühlte die kleinen luftgekühlten (Tennis? Basketball?) Hände seinen Rücken streicheln.

»So«, sagte sie. Und dann:»Wie alt bist'n eigentlich?« Er sah die Handschrift, mit der sie das in ihr Tagebuch (nein, Unsinn, die haben doch keine Tagebücher mehr) eintragen würde, und sagte:»Fünfundvierzig.«

Er sagte das nur so dahin.

»Mit einem, der so alt ist, hab ich's noch nie gemacht.«

Rekorde, damit quälten die sich auch herum. Das konnte man ihnen aber kaum übelnehmen.

»Da darfst du aber keine Gewohnheit draus machen.«

»Ich fand's ganz hübsch.«

Eine ungeheure Mattigkeit durchströmte seinen Körper, doch er erhob sich. Sie drehte sich eine Zigarette.

»Du auch?«

»Nein, danke.«

Er wusch sich am Waschbecken und wusste, dass sie nicht zu ihm herüberschaute. Er zog sich an. Es war Sommer, da ging das sehr schnell. Das Leben als Ereignis.

»Was machst du jetzt?«

»Ich hab eine Verabredung mit einem Freund.«

Das entsprach der Wahrheit. Er hatte eine Verabredung mit Bernard Roozenboom. Bernard war in den Fünfzigern. Zusammen waren sie fast hundert Jahre alt. Konnte man das, wenn man so alt war wie sie, noch Freundschaft nennen? Er ging zum Bett, kniete neben ihr nieder und streichelte ihr das Gesicht. Sie schaute, als sehe sie sich einen japanischen Film an.

»Seh ich dich noch mal?«, fragte er.

»Nein. Ich habe einen Freund.«

»Aha.«

Er stand auf, nicht zu schnell, wegen des Moments, und nicht zu langsam, um nicht zu alt auszusehen. Dann verließ er das Zimmer auf Zehenspitzen, warum, wusste er selbst nicht, doch er vermutete das Schlimmste (mein Töchterchen schläft).

»Mach's gut.«

»Mach's gut.«

Erst als er schon zwei Straßen gegangen war, wurde ihm bewusst, dass keiner von ihnen beiden den anderen nach dem Namen gefragt hatte. Er blieb stehen und sah sich ein Schaufenster voller Elektrogeräte an. Bügeleisen und Apfelsinenpressen starrten zurück. Was bedeuteten Namen eigentlich? Was würde sich an dem gerade Geschehenen ändern, wenn er ihren Namen wüsste? Nichts. Und doch kam es ihm so vor, als müsse mit einer Zeit, in der man namenlos miteinander ins Bett gehen konnte, nicht alles in Ordnung sein. »Aber das hat's immer schon gegeben«, sagte er laut zu sich selbst und kam dann auf seinen vorherigen Gedanken zurück: Was bedeuteten Namen eigentlich? Eine Reihe geordneter Buchstaben, die, wenn man sie ausspricht, ein Wort bilden, mit dem man auf die eine oder andere Weise jemanden anreden oder benennen kann. Meistens hatten diese kürzeren oder längeren Buchstabenanordnungen ihre Wurzel in der kirchlichen oder biblischen Geschichte und standen so auf eine für ziemlich jeden unklar gewordene Art in Zusammenhang mit menschlichen Wesen, die wirklich gelebt hatten, aber das machte die Sache nur noch rätselhafter. Dass man seinen Namen nicht selbst wählen konnte, war schon Willkür genug, doch einmal angenommen, man könnte im Sinne der Wiedertäufer als Erwachsener seinen Namen selbst wählen, inwieweit würde man dann diesen Namen verkörpern? Er las die Namen an den Haustüren, an denen er vorbeikam. Das waren allerdings Nachnamen, und das war noch schlimmer. De Jong, Zorgdrager, Boonakker, Stuut, Lie. Hier wohnten also Körper, die so hießen. Bis zu ihrem Tode. Danach gingen die Körper in Verwesung über, doch die Namen, die einmal zu ihnen gehört hatten, würden noch ein Weilchen in Registern, Grundbüchern und elektronischen Datenverarbeitungsanlagen herumquengeln. Doch musste es irgendwo in den elf Provinzen der Niederlande einmal einen Acker gegeben haben, auf dem Bohnen wuchsen, und etwas von dem Acker, den es einmal gegeben hatte, war in den weißen Kursivbuchstaben an dieser Tür erhalten geblieben. Derartigen Gedankengängen haftete etwas Unangenehmes an, und das passte nicht zu den Plänen, die er für diesen Tag gemacht hatte. Dies war, so hatte er bereits beschlossen, ein glücklicher Tag, und davon ließ er sich nicht abbringen. Außerdem hatte ihm dieser

erste Sommermorgen ein Mädchen in die Arme ge-
führt, ein weibliches Wesen, das ihm die Winterkälte
aus den Gebeinen vertrieben hatte. Und dafür musste
er dankbar sein. Er beschloss, sie »Täubchen« zu nennen, und betrat eine Telefonzelle, um Bernard zu sagen, dass er etwas später komme.

Charlotte Mutsaers

IM JORDAAN

Dem Mann, der die Sarphatistraat die schönste Straße
der Welt nannte, möchte ich widersprechen. Zwar ist
die schönste Straße der Welt in Amsterdam zu finden
(weil Amsterdam nun einmal die schönste Stadt der
Welt ist), aber es ist nicht die Sarphatistraat, sondern
die Nieuwe Leliestraat.

Auf den ersten Blick sieht dort alles schmutziggrau
aus, wie eine marode Aneinanderreihung uralter Pup-
penhäuser, die hier und da vom sozialen Wohnungs-
bau gestützt werden. Aber das ist nur der Anschein.
Die Straße hat Charme und Sexappeal. Schlendern
Sie einfach einmal entlang, am besten an einem Som-
mernachmittag gegen halb sechs, wenn alles mit einer rotgoldenen Glut übergossen ist. Dann scheint es
sich zu winden, dieses Stück Asphalt. Dann beginnt
alles zu sprühen und zu erblühen, und es entsteht eine
beflügelnde Betriebsamkeit. Dann stehen Grüppchen
beisammen und schwatzen (oft in Hemdsärmeln, oft
rauchend und oft in Pantoffeln), farbenfroh gekleide-
te Kinder, klingelnde Radfahrer, träge Katzen, schnüf-
felnde Hunde, dann lachen einen die Häuser mit rosa
Backsteinwangen an. Hat man dazu noch das Glück
und es ertönt zufällig das Glockenspiel vom Wester-
toren, dann wähnt man sich im Paradies, und dieses
Paradies ist ganz und gar gratis (weil jedes Paradies
ganz und gar gratis ist, denn jedes Paradies beruht auf
Phantasie). Lachen Sie nur, sagen Sie ruhig, dass ich
meine Straße zu sehr in den Himmel hebe, nennen
Sie mich eben einen sentimentalen alten Kauz. Es

lässt mich kalt, es lässt mich eiskalt, denn hier darf ich mitreden. Ich darf mitreden, weil ich vergleichen kann. Nach allem, was ich in Europa an überwältigenden Landschaften sehen durfte, an feurigen Sonnenuntergängen, vornehmen Promenaden, Spielstraßen, Avenues, Faubourgs, Boulevards, Alleen, Villenvierteln und wie das alles heißen mag, rufe ich doch immer noch aus voller Brust: Hut ab vor der Nieuwe Leliestraat! Sie ist noch immer meine Straße. Bloß: mit einem Hund kommt man dort nicht unbemerkt vorbei. Aber das gilt für das ganze Jordaan-Viertel. Und wie man es auch dreht und wendet: Neugier ist eine Form von Mitgefühl.

Jordaanesen sind geborene Tierfreunde. Ein Mensch ohne Tier zählt dort einfach nicht: Es ist wie mit den Kinderlosen in Italien. Auch dort wimmelt es von Katzen, Hunden, Goldfischen, Kaninchen, Kanarienvögeln, Wellensittichen, Hamstern, Meerschweinchen und Haustauben. Und wer sich keine lebendige Habe leisten kann, stickt sich eben etwas Tierisches auf ein Kissen. Deshalb sieht man dort auch Kissen in Hülle und Fülle. Richtige Prachtexemplare. Gedichte von Kissen. Bei warmem Wetter werden sie auf abgeblätterten Fensterbänken ausgelegt und dienen den rauen Ellbogen der Klugscheißer – und wer im Jordaan ist kein Klugscheißer? – beim Hinauslehnen als weiche Unterlage. Es gibt sie in allen Farben und Formen, mit Pferden, Löwen, Eulen, Hirschen, Hähnen, Wölfen, Fröschen, Schmetterlingen, überdimensionierten Marienkäfern und sogar mit Oktopussen. Ein bunter Kunsthandwerkszoo, das ist es. Wer das Vorrecht hat, im Jordaan zu wohnen, braucht nie in den Artis-Zoo.

Meine Nachbarin von gegenüber, Riek Lever, hatte ein Kissen mit dem Kopf eines lachenden Bouviers; wie von *La vache qui rit*, aber nicht rot, und schlauer aussehend. Als ich hinter Slava her in die Straße einbog, lehnte Riek Lever mit ihrem schweren Busen auf dem Kissen. Man sah gerade noch die Spitze der begehrlichen Hundezunge drunter vorschauen.

»Eh, Maurice!«, grölte sie aus dem ersten Stock. »Was willst du denn auf einmal mit so einem Mopsel, damit hab ich dich ja noch nie gesehen.«

»Kann schon sein, Riek!«, rief ich, ohne rot zu werden. »Sie gehört meiner kranken Cousine.«

Die ganze Straße hatte bei offenen Fenstern mitgehört und war in heller Aufregung. Es war ein Ereignis. Jeder Tag strotzte von solchen Ereignissen, aber ein Jordaanbewohner ist nie blasiert und lässt sich auch den allerkleinsten Zwischenfall nicht entgehen.

Ich marschierte eilig weiter. Zu spät, es gab kein Entkommen. Zahlreiche Türen waren bereits aufgeflogen und in Windeseile waren Slava und ich von allen Seiten umringt. Die Ohs und Ahs hallten von den Wänden.

»Oh, was für ein Racker!«

»Ach, was für ein Pups!«

»Ah, so 'ne kleine Schnecke!«

Slava ist nun mal eine Hündin, sonst würde ich sagen: Sie wurde wie ein verlorener Sohn empfangen. Sie wurde getätschelt, gehätschelt, angesprochen und überall betatscht. Ich wäre fast eifersüchtig geworden. Mühsam riss ich mich los, um zu meiner Haustür zu gelangen.

»Macht mal halblang, Kameraden! Platz da! Wir möchten gern durch. Darf ich?«

Das Wort *Kameraden* verfehlte seine Wirkung nicht. Als sie bereitwillig auseinanderwichen, entstand ein Ehrenspalier. Ich steckte den Schlüssel ins Schloss, hob Slava über die Schwelle, schloss die Haustür mit einem Tritt und trug Slava die steile Treppe hinauf.

Es war ein völlig nichtiger Vorfall, aber nicht für mich. Für mich war es eine Art Generalprobe.

Oben benahm sich Slava, als gehörte sie hierher. Ausgelassen tollte sie durch das Zimmer, sprang aufs Sofa, sprang wieder herunter, umkreiste den Tisch, sprang wieder aufs Sofa, und so ging es immerzu weiter.

Hechelnd blieb sie vor dem Kühlschrank sitzen, auf ihren vier Buchstaben und mit schiefem Kopf. Bei einem Hund störte mich der schiefe Kopf nicht. Wie wunderbar, dachte ich, dass ich wieder ein Tier glücklich machen kann. Welch eine Freude.

Leider hatte ich kein Fleisch im Haus. Also öffnete ich eben ein Glas Würstchen, an denen sich Slava gierig gütlich tat. Trinken wollte sie nicht, was gut passte, denn dann musste sie vorläufig auch nicht runter. Sie kuschelte sich auf den Diwan, rollte sich zu einer Kugel zusammen und schlief ein.

Hätte ich nicht in einer halben Stunde aus dem Haus gemusst, ich hätte nichts lieber getan, als mich danebenzulegen. So klein und verspielt sie auch war, vorläufig war sie mein einziger Lichtblick.

Doeschka Meijsing

EINE HELDIN

Ich lag mit einem Schädelbasisbruch im Krankenhaus, der höchstwahrscheinlich keine bleibenden Folgen haben würde – wegen meines tadellosen Werts auf irgendeiner Glasgow-Skala. Ich lag auf meinem Zimmer, was bedeutete, dass ich nicht mehr in akuter Lebensgefahr war. Da meine Hirnhaut einen kleinen Riss davongetragen hatte, hatte man ein neues Stück von einem Organspender eingesetzt. Hoch sollen sie leben, die Leute, die bereit sind, Organspender zu werden, die Toten in ihrem riesigen Reich! Durch den Riss war Hirnflüssigkeit in meine Nase gelaufen, und das Einzige, was eventuell zurückbleiben würde, war ein eingeschränkter Geruchssinn. Aber das war jetzt nicht das dringendste Problem. Wie kam ich zu einem Schädelbasisbruch? Ich sah die kahlen Zimmer meiner Wohnung vor mir, schöne helle Zimmer mit Parkett und frisch geweißelten Wänden. Dort lebte ich still und zurückgezogen, denn Jula war weg. Wieder eine Schmerzwelle. Ich wartete gelassen, bis sie nach einer Probe ihres Könnens wieder abebbte.

Es hieß, ich sei eine Heldin, es hätte in der Zeitung gestanden, dazu ein Foto von einem wie ein hilfloser Käfer auf der Seite liegenden Betonmischfahrzeug und der gerammten Ecke des Café Gruter am Willemsparkweg. Man machte mich auf den Briefstapel auf meinem Nachttisch aufmerksam, erzählte mir, dass es keine Toten gegeben habe, was wirklich ein Wunder sei, wenn man bedenke, wie schmal der Willemsparkweg an dieser Stelle sei, und dass Betonmischfahrzeuge in der Stadt eigentlich nicht schneller als zwanzig Stundenkilometer fahren dürften. Und das alles nur wegen dieser U-Bahn-Bauarbeiten!

An das mit der U-Bahn konnte ich mich bestens erinnern. Hinter meiner neuen Wohnung wurde an der Haltestelle Vijzelgracht gebaut – ein albtraumhaftes Vorhaben, wenn man sich die verschiedenen mechanischen Dinosaurier so ansah, die in dieser Hölle ihre Arbeit verrichteten. Überall in der Stadt gab es diese teuflischen Baugruben, und die Anwohner wurden von der Stadt angeschrieben, sie sollten ihre Häuser mit Hilfe kleinerer Monstermaschinen abstützen. Überall im Zentrum sackten Häuser ab, gingen Anschreiben ein und ratterten die Presslufthämmer. Vom unterirdischen Amsterdam ganz zu schweigen, wo Sandbänke verschwanden und woanders wieder auftauchten, das Wasser zwischen den Pfählen toste, um sich neue, tiefere Wege zu suchen, wodurch die Stadt sank und wieder stieg, schwankte und gestützt wurde. Die Keller und das Rokin wurden überschwemmt, woraufhin neue Anschreiben folgten, denn es funktionierte so wie bei einer Spielplatzwippe: Wurde hier etwas nach unten gedrückt, ging dort etwas nach oben, und auch das Millionenheer an Ratten unter der Stadt kannte sich plötzlich nicht mehr aus und irrte ziellos umher, nistete sich woanders ein, wurde verjagt oder vergiftet und zog weiter – eine riesige Duftwolke aus Rattenpisse zurücklassend. Ab und an verhedderten sich die Tiere vor lauter Verzweiflung und bildeten einen Rattenkönig, ein Knäuel aus aneinander gefesselten Tieren, das sich auf seiner Nahrungssuche nur noch zentimeterweise fortbewegen, aber durchaus ein paar Jahre überleben konnte – mal mehr, mal weniger steife Leichen mitschleppend. Die toten Kameraden trockneten aus und leisteten den anderen gewissermaßen als Skelett Gesellschaft: die Welt unter der Welt, das Reich der Toten.

Ebenso unfassbar bizarr wie das Leben unter der Stadt musste auch mein Gehirn aussehen, das sich der Chirurg durch eine in meinen Schädel gesägte Öffnung angesehen hatte. Diese gewundene, weiche Masse enthielt mein ganzes Leben, meine Lebenszeit, alles, was geschehen war, und mir war so einiges widerfahren, ja, ich hatte ganz schön was mitgemacht, und jemand mit einer grünen Haube auf dem Kopf, einem weißen Lappen vor dem Mund und blitzenden Zangen in den vor Blut rotglänzenden Händen hatte es gesehen, ohne zu wissen, was es alles enthielt, denn ich hatte so einiges erlebt.

»Keinen Besuch!«, flehte ich die Krankenschwester an. »Bitte vorerst keinen Besuch!« Denn mir war wieder eingefallen, dass Jason mit seiner *femme triste* in Südafrika war, weil die Bora ihre Stadt, Triest, dermaßen heimgesucht hatte, dass man sich nicht mehr auf die Straße wagen konnte, und er somit nichts von der Öffnung in meinem Schädel wusste. Und Jula durfte nicht kommen, weil sie mich gegen eine andere eingetauscht hatte. Wo Maret war, wusste ich nicht, meine Mutter war zu alt, und die unzähligen Freunde und Bekannten sollten sich gefälligst fernhalten. Ich formulierte also das erste Gesetz eines Krankenhausaufenthalts: lieber eine Ansichtskarte als Besuch, außerdem hatte ich noch kein Telefon. Mir fiel wieder ein, wie ich als Kind ein ganzes Jahr von solchen Ansichtskarten gezehrt hatte. Ich erstand sie damals beim Coop des italienischen Grenzstädtchens Zenna, in dem meine Mutter immer die Cornflakes für unser Frühstück kaufte. Es handelte sich um Farbfotos von den kleinen Kirchen in Caviano und Sant'Abbondio, der schmalen Straße vor dem großen rosa Haus der Familie Boretti und der noch schmaleren Gasse neben der Schule in Ronco, auf deren Mauer Kobolde aus altem, verwittertem Stein standen. Auf jeder Ansichtskarte Blumen im Vordergrund, eine knallrote Geranie,

ein Oleanderzweig und im Hintergrund das, worauf
es eigentlich ankam: das Blau des Lago Maggiore, ein-
gebettet in die Ausläufer der Alpen, das Paradies des
Südens. Ich sah mir meine Karten jeden Tag heimlich
an, und meine Sehnsucht nach dem See war fast nicht
auszuhalten. Doch gleichzeitig trösteten sie mich den
Rest des Jahres über, während ich auf diese Scheiß-
schule ging, wo ich nichts als Unsinn lernte.

Damals muss ich noch daran geglaubt haben, dass
die Liebe so schön ist wie das Leben auf diesen An-
sichtskarten und es nur eine Frage der Zeit ist, bis die
Liebe in mein Leben tritt und sofort alles gut wird.
Dass ich meine Geliebte eines Tages an den Lago
Maggiore mitnehme, um ihn ihr zu zeigen, wo sie
dann in Tränen ausbricht bei dem Gedanken an das
Kind, das die Sommer am See so intensiv, ja in vollen
Zügen genossen hat. Dass ich frei und heftig verliebt
bin und für immer, Jahr um Jahr, Sommer sein wird.

Doch jetzt war November, und dieser November
dauerte bereits Jahre. Die Tage waren grau in grau –
nein, das stimmt nicht, für den November ist es
außergewöhnlich warm, und der Mann in seinem
blaugelben Stranddress im Bett gegenüber macht Urlaub. Aber das liegt am Klimawandel, der die Meere
derart erwärmt, dass es die Niederlande in dreißig
Jahren vielleicht gar nicht mehr gibt. In der Schweiz
wird im nächsten Winter kein Schnee fallen, und in
den einst subtropischen Zonen des Lago Maggiore
und des Mittelmeers wird es so unerträglich heiß werden, dass niemand mehr dorthin fahren möchte. Eine
dicke Schicht Sahara-Sand wird die fröhlich-bunten
Statuen von Maria und Joseph in der kleinen Kirche
von Sant'Abbondio bedecken, die Touristen werden
weiterziehen, so wie Zugvögel ihre Route ändern,
wenn die Nahrung knapp wird. Als nächstes Reiseziel
werden sich die Touristenscharen die Beneluxländer
aussuchen, wo man sich dann bis in den November

und Dezember hinein sonnen kann – wenn auch in einem Krankenhausbett. Ganz Holland wird mit Bettenburgen vollgebaut werden, ganz Holland wird nur noch aus Touristenzentren mit allen möglichen Attraktionen, lärmenden Vergnügungsparks und breiten Asphaltstraßen von hier nach dort bestehen, dazwischen dicht an dicht kleine, armselige Häuser, während wir alle von den paar Groschen leben werden, die uns die Arbeit mit den Touristen einbringt, uns erniedrigen lassen, tagein, tagaus ihr unzivilisiertes Gejohle in den Ohren haben, ihnen Hering und Genever servieren werden, der sie aggressiv und handgreiflich macht; das ganze Jahr über werden wir dann in unserem herrlichen Klima die bunte, hungrige Barbarenhorde bedienen, ohne uns auch nur das Geringste anmerken zu lassen, stets lächelnd – auch dann noch, wenn die Amsterdamer Ratten nachts in den ärmlichen Häusern an unseren Matratzen nagen und wir mit fröhlichen Mienen morgens früh um sechs die Touristenzentren sowie die paar noch übrig gebliebenen Städte mit Wasser sauberspritzen, um den nächtlichen Gestank nach Urin und Erbrochenem zu vertreiben. Wir werden Holzschuhtänze für sie einstudieren, Käsewürfel und Tulpen verteilen und die Touristen stolz auf unsere breitschultrige, großhütige Königin hinweisen, die einmal im Jahr in einer goldenen Kutsche durchs Land fährt, hintendrauf rotbefrackte Lakaien in weißen Kniestrümpfen und davor acht prächtige Pferde, die eine Minute im Jahr anhalten und den Kopf neigen werden, zum Gedenken an die in der Nordsee ertrunkenen Touristen, bis eines Tages bei Vollmond und Südwestwind Stärke zwölf eine riesige Flutwelle unsere fantastischen Deltadeiche hinwegfegen und das Land bis an die deutsche Grenze überschwemmen wird, und zwar dermaßen heftig, dass Holland von da an für immer unter Wasser liegen wird und wir uns lächelnd, brüderlich vom

Touristensturm umarmen und mitreißen lassen müssen, nach Oslo oder Malmö, weil die Temperatur da immer angenehmer wird und wir dort auf dem Bau arbeiten können, um Bettenburgen und Vergnügungsparks zu errichten oder Autobahnen zu bauen, ja, um ganz Schweden zu asphaltieren. Das haben uns die amerikanischen Präsidenten zumindest so prophezeit, bis auf den einen, der Bagdad bombardieren ließ.

Doch was um alles in der Welt hatte ich bloß auf dem Willemsparkweg verloren gehabt?

Jan van Mersbergen

WUSST ICH'S DOCH, DASS DU DICH AUS DEM STAUB MACHST

Mit einem Jugendfreund kam Ivan in die Niederlande, später arbeitete dieser Freund als Straßenkünstler auf dem Leidseplein. Seltsamerweise kenne ich seinen Namen nicht, meiner Meinung nach kennt ihn niemand. Ich schaute oft abends bei ihm vorbei, wenn er Porträtzeichnungen machte, und nannte ihn immer nur »den Zeichner«.

An einer Seite des Platzes hatte er zwei Anglerstühle aufgestellt sowie eine Staffelei mit einer Dose voller Stifte, außerdem hatte er eine Decke dabei, falls es kalt würde. Wenn nicht viel los war, erzählte er mir, wie sie im selben Dorf aufgewachsen und zur selben Schule gegangen waren. Er erzählte mir von ihrer gemeinsamen Reise oder zeichnete sie vielmehr auf eines der DIN-A3-Blätter, die er für seine Porträts benutzte, denn er machte nicht gern viele Worte. Stattdessen ließ er seine HB-Bleistifte sprechen. Solange er beschäftigt war, blieben die Leute stehen und sahen ihm zu. Auf diese Weise kam er schneller an neue Kunden. Wenn ich ihm Fragen stellte, sagte er ein paar Worte, aber vor allem zeichnete er.

Er zeichnete ein Haus mit einer Tür, Bäume und Hügel. Vor langer, langer Zeit hatte er Ivan an seinem Elternhaus abgeholt, ganz früh am Morgen. Ivan kam heraus, schloss die Tür und machte sich auf den Weg. Kurz darauf entdeckte der Zeichner die Umrisse von Ivans Vater in der Türöffnung, die Pflaumenbäume zu beiden Seiten des Hauses in der Morgendämmerung und die dunklen Hügel dahinter. Mir zuliebe zeichnete er weitere Details der Tür und eine alte Hand, die auf dem Türrahmen lag, alles extrem realistisch.

Seinen Eltern hatte Ivan nur gesagt, dass sie übers Wochenende zu Freunden in die Stadt fahren würden, in die nächstgrößere Stadt mit dem Markt. Doch sein Vater wusste es besser. Er sprach den Namen aus, den er seinem Sohn bei der Geburt gegeben hatte, und Ivan blieb stehen. Er hatte seinen Rucksack auf, genau wie der Zeichner, dem die Gurte tief in die Schultern schnitten. Ivan drehte den Kopf, aber nicht weit genug, um seinen Vater direkt anschauen zu können, und kurz bevor er seine Schritte beschleunigte, sagte sein Vater: Wusst ich's doch, dass du dich aus dem Staub machst.

Sie nahmen den Bus in die nächste Stadt. Von dort aus fuhren sie mit der Bummelbahn zu einem größeren Bahnhof, anschließend zu einem noch größeren Bahnhof und dann über die Grenze. Der Zeichner konnte mir die Route genau aufzeichnen, auf seinem Anglerstuhl am Leidseplein.

Ivan hatte umgerechnet knapp sechshundert Gulden dabei, der Zeichner etwas mehr. Ivan zählte sie, wieder und wieder. Für dreißig Gulden kaufte jeder von ihnen ein Zugticket über die Grenze nach Budapest, von dort ging es mit dem Bus weiter quer durch Deutschland, weil das billiger war. Eine Nacht im Bus. In Bratislava gab es einen großen Busbahnhof, der von außen aussah wie eine Schule: hohe Fenster, dazwischen grauer Beton mit einer breiten Treppe, die zu einer fast im Erdreich verborgenen Bahnhofshalle führte. Am Nürnberger Bahnhof kauften sie sich einen Kaffee, aber nichts zu essen.

Der Bahnhof hatte Ähnlichkeit mit dem Rijksmuseum, wie dem Zeichner später auffiel, mit seiner Mittelhalle, den Seitenflügeln und Türmchen und dem

Kuppeldach über besagter Mittelhalle. Es war Sommer und sicherlich nicht kalt, auch nicht am frühen Morgen, trotzdem zitterte der Zeichner. Weil er sich heimatlos fühlte, wie er mir erklärte, genau wie Ivan, der neben ihm auf der Bahnhofstreppe saß und wieder sein Geld zählte, was bei ihm inzwischen schon zu einem richtigen Tick geworden war.

Die Kaffeebecher sollte der Zeichner nie mehr vergessen. Mehr als zwanzig Jahre nach Verlassen der Heimat konnte er ihre Riffelung und die darauf abgebildeten Motive noch genau aufzeichnen, als handelte es sich um unsterbliche Kunstwerke: eine Straße, die auf einer Seite von schief stehenden Laternen gesäumt wurde, und eine Brücke mit Betonpfeilern.

Irre, was?, sagte er.

Das war ihr Bild von Deutschland: dünner Kaffee in bedruckten Pappbechern.

Sie hatten die Wahl, Berlin, Hamburg oder Düsseldorf, doch dann wurde es Amsterdam. Ein Bekannter des Zeichners, der vor ihnen die Heimat verlassen hatte, um sich der Wehrpflicht zu entziehen – auch weil er spürte, dass sich da etwas Ungutes zusammenbraute –, wohnte in West, unweit des Hafens. Der Zeichner hatte die Adresse dieses Freundes einst auf einem Zettel notiert, ihn aber verloren. Amsterdam ist nicht besonders groß, sagte er zu Ivan. Den finden wir schon.

Im Bus nach Norden, auf einer dunklen Autobahn, hatte Ivan den Kopf gegen die Scheibe gelehnt. Die beiden taten so gut wie kein Auge zu. Als es hell wurde, waren sie immer noch in Deutschland, sie stiegen um und erreichten gegen Mittag Amsterdam Amstel. Zunächst trieben sie sich eine Weile bei den Straßenbahn- und Bushaltestellen herum und im Park dahinter.

Der Kaffee, den der Zeichner am Bahnhof Amsterdam Amstel kaufte, war stark und gut, in weißen Bechern ohne jeden Aufdruck. Mit ein paar Bleistiftstrichen verewigte er sie neben den deutschen Bechern, wendete das Blatt und zeigte sie mir inmitten der lärmenden Straßencafés und Trams. Schau!, sagte er, deshalb gefällt es mir hier besser als in Nürnberg.

Und vielleicht auch besser als in dem Land, aus dem ihr fortgegangen seid, dachte ich.

Sie liefen an der Amstel entlang Richtung Stadtmitte. Ivan mit seinem Gepäck. Sie sahen Leute vorbeiradeln, alle fuhren hier mit dem Rad, und so organisierte sich der Zeichner schnell eines. Ivan ging zu Fuß weiter.

Die Sonne schien zwischen den Blättern der Bäume hindurch, dieser erste Tag war für Ivan von Sonne geprägt, die jedoch rasch der Dunkelheit weichen sollte.

Seinen Freund sollte der Zeichner nie finden, dafür lernten sie in den ersten Tagen andere junge Männer kennen, die ihre Sprache sprachen, und zwei Kroaten, mit denen sie sich hier gut verstanden. Sie übernachteten bei ihnen. Später schlief Ivan dann bei der Freundin eines der Kroaten, wovon ihr Kerl natürlich nichts wusste. Und ich wusste nicht, welches Land der Zeichner und Ivan zurückgelassen hatten. Ich wusste nur, dass es nicht Kroatien war. Ich habe sie nie danach gefragt, und sie haben es mir nie erzählt. Es gab dort so viele kleine Länder, die sich aneinander rieben, und was spielte das schon für eine Rolle. Jetzt waren sie ja hier.

Der Zeichner übernachtete auf einer Brache im westlichen Hafengebiet, in einem alten, heruntergekommenen Wohnwagen, der zwischen Dauercampern stand – mit einem Faltwohnwagen, einem verrosteten amerikanischen Kombi mit einer Matratze hintendrin und ein paar Zelten.

Erst fand Ivan ein Zimmer, in dem er eine Woche, dann eins, in dem er etwas länger bleiben konnte. Der Zeichner organisierte eine Schlafgelegenheit auf einem Speicher in der Staatsliedenbuurt. Dort gab es eine Dachgaube mit Cannabis-Pflanzen in der Regenrinne.

Ivan bezog eine Wohnung in der Rivierenbuurt, bei einer jüdischen Vermieterin, die nicht mehr die Treppe hinunterkam. Nach ihrem Tod wurde er von deren Verwandten aber wieder vor die Tür gesetzt. Danach bewohnte Ivan ein Zimmer in Noord, gleich hinter der Fähranlegestelle, in einem hellhörigen Haus, in dem der arbeitslose Nachbar unter ihm Pornofilme drehte. Er filmte in seiner Wohnung und im Gartenschuppen. Fast ein Jahr lang mietete Ivan ein Hinterzimmer an einem Kai in Oost, das er nur über das Zimmer erreichen konnte, in dem die Vermieterin schlief – meist nicht allein.

Anschließend durfte Ivan die Wohnung von Johans Mutter und seinem Stiefvater nutzen, im ersten Stock mit Balkon. Sie ging nach hinten raus mit Blick auf die Innenhöfe und viele Bäume, Sträucher und Rasenflächen. Noch vor wenigen Wochen hatte ich in der Abenddämmerung auf diesem Balkon gesessen und die reglosen Bäume vor den Schuppen betrachtet, aber für Ivan standen sie gar nicht still. Nichts steht still, pflegte er zu sagen. Die Erde dreht sich, und die Bäume bewegen sich mit, bewegen sich sogar mehr als die Menschen und schneller obendrein.

Hierher zu kommen, sei nicht besonders kompliziert gewesen, so der Zeichner. Von einem Ort zum anderen fahren, das sei nicht weiter schwer – schon gar nicht für Ivan. Denn der schaffe es immer, zu entkommen. Bevor er in der Falle sitze, habe er sich schon befreit.

Er drehte das Blatt wieder um und zeichnete mit schnellen Strichen eine Figur. Ich sah ihm dabei über die Schulter. Er zeichnete Arme, eine strahlende Sonne und Flammen, die Figur war so weich wie Wachs.

Hier Fuß zu fassen fiel Ivan deutlich schwerer.

Als der Zeichner und Ivan in der Anfangszeit nochmal die Brache mit den Stadtnomaden besucht hatten, waren sie einem Mann mit einer großen Tasche begegnet. Ein wichtiger Typ, so der Zeichner. Er skizzierte einen bärtigen Mann und eine Tasche mit zwei großen Thermoskannen, darauf jeweils ein Klebeband, das mit KAFFEE beziehungsweise TEE beschriftet war.

Ich dachte, ich bring dem Haufen hier was Warmes zu trinken vorbei, sagte der Mann.

Sie bedankten sich überschwänglich, und als Ivan auf dem Weg zur Brache nochmals *thank you* sagte, blieb der Mann stehen, breitete die Arme aus und sagte: Komm!

Der Mann war groß und breit und bekam auf dem Papier ein sympathisches Gesicht mit Grübchen, Geheimratsecken und langen, hinter die Ohren gestrichenen Haaren. Ivan sank ihm im wahrsten Sinne des Wortes in die Arme. Der Mann drückte ihn an sich und sagte: Komm her, mein Junge. Eigentlich sind hier Umarmungen nicht üblich, aber komm mal her und lass dich drücken. Ich sehe doch, dass du mehr als nur eine Tasse Kaffee oder Tee brauchst.

Diese Worte machten großen Eindruck auf Ivan. Der Mann schenkte ihm die Wärme, die er von zu Hause und auch von den Kroaten gewohnt war. Immer berührten sie sich. Immer legten sie einander die Hand auf Schulter oder Arm, im Vorbeigehen Halt suchend oder gebend – etwas, das Ivan sonst nur von Johan und seiner Mutter kannte, die ihm ihre Wohnung überließ, als wäre er ihr Sohn.

Der Mann mit den Thermoskannen war gebürtiger Amerikaner, von weit her, aus Alaska. Dort hatte er Fische und Rentiere gejagt und unter Eskimos gelebt. Immer nur Kälte. Auf dem Leidseplein malte der Zeichner Eskimos in eine Ecke des Blattes, sie waren winzig klein und fischten: Angeln in Eislöchern.

Sitzen ein paar Eskimos zusammen, sagte der Zeichner, als würde er einen Witz erzählen wie den mit dem Eskimojungen, der sich zur Strafe in die Ecke stellen soll, während alle in einem Iglu hocken. Aber sie sitzen wie erstarrt nebeneinander, fuhr er fort.

Ohne etwas zu sagen oder zu tun. Jeder hängt seinen Gedanken nach. Nicht wegen der Kälte – nicht sie sind erstarrt, sondern ihre Gesten. Auf dieser kleinen Zeichnung erkannte ich, was er meinte: Sie können die Wärme der anderen nicht spüren.

Was Menschen brauchen, so der Thermos-Mann, ist Kontakt. Wärme. Das hält uns am Leben. Damit halten wir uns gegenseitig am Leben. Wir sind keine Eskimos. Kaffee und Tee spenden Wärme, aber man kann es auch selbst tun.

Und genau das tat Ivan, mit seinem ganzen Körper. Bedienungen bekamen von ihm stets ein Trinkgeld und einen festen Händedruck. In der Kneipe am Markt suchte er gemeinsam mit dem Zeichner die Nähe zu anderen. Er mischte sich einfach unter sie, beanspruchte seinen Platz. Viel Niederländisch konnte er noch nicht, aber mit Händen und Füßen erzählte er, wie er in ihre Stadt gelangt war, und die Menschen legten ihre Zeitung beiseite und starrten nicht mehr in den großen Fernseher hinter der Bar, sondern hörten ihm zu. Auf der Zeichnung, die auf dem Klemmbrett erschien, war nichts von Krieg zu sehen, nur zwei Jungen, die angeln, im Fluss mit den großen Uferkieseln – im Hintergrund Hügel, Dächer und ein kleiner Turm, rechts Bäume mit überreifen Pflaumen und eine Flasche Sliwowitz. Daneben skizzierte der Zeichner die Gesichter der Frauen, mit denen sich Ivan unterhielt, den Arm um ihre Schultern gelegt.

Oft wurde er gewarnt, vor allem von Männern. Die meinten, er werde noch Prügel beziehen oder man werde ihm Lokalverbot erteilen, doch dazu kam es nie.

Du musst es einfach nur tun, sagte mir Ivan im Johan, als würde er einen Vortrag halten. Du musst dich bloß trauen. Ich lebe in dieser Stadt, sie leben in dieser Stadt. Diese Stadt gehört mir …

Andere Männer versuchten es ebenfalls mit seiner Masche, doch meist ohne Erfolg. Einmal bekam ich mit, wie ein Mann im De Buren oder im Café Pindakaas einen Schlag abkriegte, als er eine Frau an der Bar so anfassen wollte wie Ivan. Sie meinte, er könne von Glück sagen, dass sie ihm nicht in die Eier getreten habe.

Doch Ivan selbst durfte das sehr wohl: bei derselben Frau, an derselben Bar, noch am selben Abend. Die Frau war recht groß, saß mit übereinandergeschlagenen Beinen am Tresen und rauchte – damals durfte man das noch. Ivan stellte sich neben sie und sah sie nur stumm an, fuhr mit dem Zeigefinger über ihren Unterarm, vom Ellbogen bis zur Hand mit der Zigarette. Dann drehte er die Hand ein wenig, kam mit seinem Gesicht näher, schloss die Lippen um den Filter und nahm einen tiefen Zug. Er ließ Rauch aus dem Mund entweichen und atmete ihn durch die Nase wieder ein. Der Rauch kringelte sich, und er blies ihn zur Decke. Anschließend ließ er die Hand mit der Zigarette los und küsste die Frau in den Nacken.

Der kleine Mann mit den dicken schwarzen Haaren, der den Schlag abbekommen hatte, wollte wissen, warum Ivan das dürfe.

Weil er mich so nett darum gebeten hat, lautete ihre Antwort.

Aber er hat doch um gar nichts gebeten, sagte der Mann.

Doch erwiderte sie. Mit seiner Hand.

Robert Vuijsje

NUR NETTE MENSCHEN

Diejenigen, die man Ausländer nennt, grübeln den ganzen Tag darüber nach, was es bedeutet, zu denjenigen zu gehören, von denen sie Ausländer genannt werden. Bei jeder sozialen Interaktion werden sie daran erinnert, dass das nicht ihr Land ist.

Niederländer grübeln nie darüber nach, was es bedeutet, zu denjenigen zu gehören, die sie Ausländer nennen.

Diejenigen, die von anderen Ausländer genannt werden, wollen immer ganz genau wissen, wer oder was man ist.

Niederländern ist es egal, zu welcher Gruppe jemand gehört. Für sie sind das einfach nur Ausländer.

Niederländer können keinen Antillaner von einem Surinamer unterscheiden. Auch keinen Türken von einem Marokkaner.

Türken sind sauer auf Marokkaner, weil die ihren Ruf ruinieren.

Aus demselben Grund sind surinamische Schwarze sauer auf Antillaner. Außerdem tragen Antillaner zu viel Gold, können kein Niederländisch und sind dumm. Alle hässlichen Sklaven sind auf Curaçao von Bord gejagt worden. Nur die schönen Sklaven durften nach Surinam weiterfahren.

Antillanern zufolge halten sich Surinamer für was Besseres.

Bringt ein Niederländer eine neue Freundin mit nach Hause, die zu denjenigen gehört, die man Ausländer nennt, wissen alle: Der hat anscheinend keine Bessere abgekriegt.

Surinamische Schwarze finden surinamische Hindus arrogant.

Hindus finden Schwarze faul und dumm.

Niederländer halten alle südamerikanischen, afrikanischen, osteuropäischen und asiatischen Frauen, die in den Niederlanden wohnen, für Nutten.

Antillaner aus Curaçao finden, dass Arubaner arrogant sind. Ganz einfach weil sie eine hellere Haut haben.

Arubaner finden, dass Curaçaoer faul und dumm sind: Sie ruinieren den Ruf der Antillaner, weil sie alle kriminell sind.

Für Niederländer ist es normal, Witze über faule Schwarze zu reißen, die immer zu spät kommen. Und über Marokkaner, die lügen und stehlen. Allerdings nie in Gegenwart derjenigen, die sie Ausländer nennen.

Ein holländischer Witz geht zum Beispiel so: Schwarze Männer gehen jeden Tag fremd. Niederländische Männer gehen nicht fremd, sondern zu den Nutten, weil das unkomplizierter, sicherer und auf lange Sicht billiger ist.

Schwarze aus der Stadt halten Schwarze aus dem Busch für rückständige Eingeborene. Schwarze aus der Stadt kommen aus Paramaribo, Busch-Kreolen aus dem surinamischen Hinterland. Schwarze aus dem Busch finden, dass sich Schwarze aus der Stadt für was Besseres halten.

Israelis halten niederländische Juden für schwul: Hätten sie während des Zweiten Weltkriegs in Europa gelebt, hätten sie es den Deutschen so richtig gezeigt.

Niederländische Juden halten Israelis für Barbaren, die bestialisch mit Palästinensern umgehen.

Niederländer aus dem Westen des Landes wissen, dass Brabanter und Limburger notorisch lügen, ganz einfach weil sie katholisch sind. Niederländer aus dem Norden und Osten des Landes sind rückständige Bauern.

Alle Kapverdianer wohnen in Rotterdam. Niemand kann einen Kapverdianer von einem Antillaner unterscheiden.

Kapverdianer sind sauer, weil Antillaner ihren Ruf ruinieren.

Niederländer gehen selbstverständlich davon aus, dass diejenigen, die sie Ausländer nennen, nicht so intelligent und fleißig sind wie richtige Niederländer.

Diejenigen, die von ihnen Ausländer genannt werden, wissen, dass sie in der Schule und im Beruf immer benachteiligt werden.

Schwarze denken jeden Tag an die Sklaverei. Außer Schwarzen denkt niemand auch nur eine Sekunde an die Sklaverei.

Juden denken jeden Tag an den Zweiten Weltkrieg. Außer Juden denkt niemand auch nur eine Sekunde an den Zweiten Weltkrieg.

Niederländer glauben, dass Juden geizig sind. Außerdem sollen sie endlich mal aufhören, ständig über den Krieg zu jammern.

Juden trauen den Niederländern nicht über den Weg: Was damals im Krieg passiert ist, kann jederzeit wieder passieren. Nur dass es dann nicht den Juden, sondern den Marokkanern passiert.

Surinamer und Antillaner finden Afrikaner ungehobelt und unzivilisiert, außerdem zu schwarz. Sie tanzen komisch und wohnen zu zwanzigst in einer Wohnung. Afrikanische Männer sind alle Vergewaltiger, die nicht verstehen wollen, dass Nein Nein heißt. Ständig wollen sie kleine Mädchen kaufen. Afrikanische Frauen haben Schnurrbärte, Kinnbärte und schlechte Haut.

Afrikanern zufolge halten sich Surinamer und Antillaner für was Besseres, weil sie alle Niederländisch können.

Amsterdamer verachten die übrigen Niederlande.

Die übrigen Niederländer finden, dass alle mit der Vorwahl 020 arrogant sind.

Nicht nur Türken, sondern alle, die man Ausländer nennt, sind sauer auf Marokkaner, weil die ihren Ruf ruinieren.

Marokkaner sind sauer auf die ganze Welt.

[…]

Jews do it better

»Super Atmosphäre hier«, sagte Daan. »Super Atmosphäre.«

Das sagt er ständig: »Super Atmosphäre hier.« Und dann noch mal: »Super Atmosphäre.« Sogar wenn ein Trauerzug vorbeikommt. Das soll dann ein Witz sein.

Bas und Daan heißen eigentlich Sebastiaan und Daniel. Wir waren zusammen in einer Klasse. Bas' Vater ist Charakterdarsteller in kulturell wertvollen niederländischen Spielfilmen. Daans Vater ist Professor an der Universität Amsterdam und steht als Experte für Internationale Beziehungen stets für Last-Minute-Talkshowauftritte zur Verfügung. Er ist ein so genannter Freund meines Vaters. Sie treffen sich einmal im Monat zu einem »Meinungsmacher-Gespräch«, wie sie es nennen.

Bas, Daan und ich tranken Caipirinhas, die ein junger rothaariger Mann gemixt hatte. Er trug ein gelbes T-Shirt mit dem Aufdruck EMPLOYEE OF THE MONTH.

Der Employee Of The Month war Barkeeper in der Chocolate Bar.

Die Chocolate Bar befindet sich in der Pijp, unweit des Albert-Cuyp-Markts. Sie liegt in Oud-Zuid, aber das gehört nicht mehr zur Pijp. Ein so genanntes

Arbeiterviertel. In der Chocolate Bar arbeitete ein DJ, der die neue CD von Justin Timberlake auflegte. Man könnte das »camp« nennen, auch wenn es definitiv nicht zutrifft.

Als ich die Caipirinhas bestellen wollte, hatte mich der Employee Of The Month auf Englisch gefragt, was er für mich tun könne.

Ich fragte auf Niederländisch zurück, warum er Englisch mit mir rede.

Sorry, sagte er, aber er habe gedacht, ich verstehe kein Niederländisch.

Der Unterschied zwischen Daan und mir ist folgender: Er ist Jude und hat braunes Haar, ich dagegen habe schwarze Haare. Meine Hautfarbe ist dunkler als seine, und das gilt auch für meine Augen. Daan sieht aus wie ein Niederländer, ich wie ein Araber.

»Man spürt das einfach«, sagte ich.

Daan hatte das schon öfter mitbekommen, aber er spielte das Spiel mit. »Was spürt man einfach?«

Bas ist blond, seine Eltern kommen aus Friesland, insofern war er vorübergehend außen vor.

»Man spürt es daran, wie man angeschaut wird. Selbst Marokkaner halten mich für einen Marokkaner.«

»Du bist kein Marokkaner.« Daan trank seinen Caipirinha auf ex. »Spinner! Du bist, was ich bin – ein Jude, der auf dem Gymnasium war.«

Eine Stunde zuvor, an der Ecke der Chocolate Bar, während der Albert-Cuyp-Markt abgebaut wurde, hatten drei marokkanische Brüder etwas zu mir gesagt, in einer Sprache, die ich nicht verstand.

Ich fragte sie auf Niederländisch: »Was habt ihr gerade gesagt?«

Der Anführer trug schwarze Wildlederslipper und eine DKNY-Hose in derselben Farbe. Auf seinem schwarzen T-Shirt stand in großen goldenen Lettern

DOLCE & GABBANA. Er hatte eine hellbraune Marokkanertasche von Louis Vuitton. Eine Marokkanertasche ist eine Umhängetasche für Männer, damit die Kleidung glatt bleibt und die Hosentasche nicht von einem Handy oder Portemonnaie ausgebeult wird.

Daraufhin fragte er mich auf Niederländisch: »Du bist doch Marokkaner?« Dolce & Gabbana hatte so kurze schwarze Haare wie ich, nur etwas gelockter.

Ich erklärte ihm, dass ich Niederländer sei.

»Du bist kein Kaaskop!«, urteilte Dolce & Gabbana. »Du hast schwarze Haare.«

»Ich bin in Amsterdam geboren«, konterte ich.

»Ja, das sind wir auch.« Die marokkanischen Brüder mussten laut lachen.

Rodaan Al Galidi

WIE ICH MEIN TALENT ZUM LEBEN ENTDECKTE

Niemand wusste, wo die vier Asylbewerber immer hingingen. Einer von ihnen, der Zako hieß, bat mich mal um Geld. Ich gab ihm alles, was ich hatte, achtzehn Euro.

»Das reicht dicke«, sagte er. »Nächsten Mittwoch kriegst du's zurück, dann kann ich wieder Geld abheben.«

»Kein Stress. Ich hab schon eingekauft und kann am Mittwoch auch wieder Geld abheben«, erwiderte ich. Als er sich bedankte, erkundigte ich mich, wo er denn immer mit den anderen dreien hinging, noch dazu so fein angezogen.

»Ins Museum der lebenden schönen Künste«, antwortete er lachend.

»Das klingt interessant«, sagte ich.

»Das ist es auch. Möchtest du denn mal mitkommen?«

»Muss ich mich dann auch fein machen?«

»Nicht unbedingt, aber weil es sich um lebende Kunst handelt, kann es sein, dass eines der Gemälde mit dir reden oder irgendwo Tee trinken will. Deshalb solltest du ordentlich angezogen sein. Komm einfach mal mit und schau es dir an.« Und so kam es, dass ich mit den vier Asylbewerbern ins Museum der lebenden schönen Künste ging. Wir nahmen den Zug nach Amsterdam und stiegen Centraal Station aus. Dann liefen wir ein Stück zu Fuß, bis Zako meinte, da sei das Museum. Er zeigte auf eine knapp bekleidete junge Frau in einem der Schaufenster im Rotlichtviertel de Wallen. Dorthin gingen sie, möglichst jede Woche, wenn sie genug Geld für den Zug hatten. Sonst wären sie jeden Tag hergefahren. »Schau dir das Gemälde an. Sie lächelt uns zu«, sagte Zako und zeigte auf eine Brünette in knallgelben Dessous.

»Warum bezeichnest du sie als Gemälde?«, fragte ich Zako.

»Wenn du Geld hast, kannst du sie bezahlen, und dann kannst du sie ficken. In diesem Fall ist sie eine Hure. Aber wenn du ein Asylbewerber bist und kein Geld hast, kannst du nur gucken. Dann ist sie ein Gemälde und fickt dich mit ihrer Schönheit.« Er musste laut lachen. Gemeinsam gingen sie von Schaufenster zu Schaufenster, bis sie alle halbnackten Frauen gesehen hatten. Bevor sie zum Bahnhof zurückkehrten, trennten sie sich und traten einzeln den Rückweg an. Jeder von ihnen suchte sich eine Hure aus, die er in Gedanken mit ins Asylbewerberheim nahm. Mir ihr teilte er dann die ganze Woche das Zimmer, wenn auch nur in seiner Fantasie. Als ich Zako fragte, wofür sie sich denn so fein machten, sagte er, einer hätte mal was mit einer Hure gehabt, weil sie glaubte, er käme aus Neuseeland. Er hatte behauptet, ihm wäre die Tasche geklaut worden, und da durfte er eine Weile bei ihr wohnen, bis sie herausfand, dass er gelogen hatte, und ihn vor die Tür setzte. Sollte sich ihnen jemals auch so eine Gelegenheit bieten, wollten sie ordentlich angezogen sein.

Clark Accord

BINGO

Die Busse biegen um die Ecke. In grellen Lettern steht BINGOBUS AMSTERDAM auf einem Zettel hinter ihren Windschutzscheiben. Aufgeregtes Stimmengewirr. Auf einen Schlag setzen sich die Wartenden in Bewegung und drängen ungeduldig nach vorn.

Zum ersten Mal an diesem Abend steht Leanda von der Haltestellenbank auf. »Was für ein Quatsch, dass der Bus erst jetzt kommt. Ist dir eigentlich klar, dass es schon fast halb sieben ist? Hoffentlich gibt es unterwegs keinen Stau, sonst schaffen wir es nie, um acht in Amsterdam zu sein«, meckert sie, während sie alles dransetzt, sich vorzudrängeln. Unter Einsatz ihres gesamten Körpergewichts gelingt es ihr, den Abstand zwischen sich und dem Bürgersteig zu verringern. Keine Sekunde lässt sie die Busse aus den Augen, die auf dem Platz vor ihr an der roten Ampel warten. »Halt dich hinter mir, Naomi. Denn ohne Platz muss jeder schauen, wo er bleibt. Egal, was passiert – ich werde gleich in diesem Bus sitzen, verlass dich drauf!« Sie zerrt an ihrer Tochter. »Bei den vielen Leuten ist er im Nu voll.« Sie schaut sich um. »Wo ist Atie?«, ruft sie.

»Hier bin ich, keine Sorge.« Ihre Freundin Atie steht direkt hinter Naomi und umklammert ihre beiden Einkaufstüten.

Langsam kommen die Busse an der Haltestelle zum Stehen. Leanda spürt, wie ihr das Herz bis zum Hals schlägt. Wie sie sich auf diesen Tag gefreut hat! Wenn es das Schicksal gut mit ihr meint, wird ein Teil ihrer Probleme von diesem Abend an der Vergangenheit angehören.

Zum ersten Mal an diesem Tag wird auch Naomi von so etwas wie Aufregung erfasst. Die Trägheit, die ihr schon seit Tagen alle Kraft raubt, ist wie weggeblasen.

Aber das Jucken in ihren Handflächen, das sie in letzter Zeit quält, meldet sich auf einmal heftig zurück. Ihrer Mutter zufolge ist das ein sicheres Zeichen dafür, dass sie Geld in die Finger bekommen wird. Sämtliche Bedenken, die sie eben noch hatte, sind verschwunden, genau wie das schlechte Gewissen, dass sie trotz allem denselben Weg eingeschlagen hat wie ihre Mutter und jetzt wegen ihrer Spielsucht an dieser Bushaltestelle steht.

Es ist, als wäre Naomi erst gestern das erste Mal in der Bingo-Halle gewesen.

»Wenn du Glück hast, kannst du sie dir beim Bingo verdienen«, sagte ihre Mutter damals, als Naomi sie um Geld für ein Paar neue Stiefel bat. »Ich bin pleite, auf mich kannst du nicht zählen. Außerdem bist du jetzt alt genug, dass man dich beim Suikertuin reinlässt. Ich kann dir ein paar Lose spendieren.«

Sie hat sich geschworen, nie so zu werden wie ihre Mutter, aber bei dem Gedanken an die Schlangenlederstiefel in dem Schaufenster auf der Lijnbaan sind ihre Bedenken rasch verflogen. Einmal das Glück herausfordern – was ist schon dabei?

Nach wenigen Besuchen im Suikertuin hat sie 400 Euro beisammen. Das Geld ist dermaßen leicht verdient, dass sie die Mutter immer öfter auf ihre Amsterdam-Trips begleitet. Sei es um etwas für ihre Tochter Asia zu kaufen oder um sich selbst ein paar Extras zu gönnen – es gibt stets einen Grund für die Busreise.

Dass sie so mühelos gewonnen hat, ist reines Anfängerglück. Aber als ihr das klar wird, hat sich der Kick, zu gewinnen, schon zu tief in ihr eingenistet. Langsam, aber sicher dämmert Naomi, dass ihre Amsterdam-Trips mehr Geld kosten als einbringen. Trotzdem schafft sie es nicht, diese ruinöse Freizeitbeschäftigung aufzugeben.

Sollte ihr das Glück heute Abend tatsächlich hold sein, ist es das allerletzte Mal, das hat sie sich geschworen. Denn im Grunde machen ihr diese Abende gar keinen Spaß. Sie tut es nur für ihre Kleine, in der Hoffnung, das bisschen Geld, das sie verdient, etwas zu vermehren. Oft genug hat sie Gott gebeten, ihr zu helfen, den Teufelskreis zu durchbrechen, der ihre Mutter und sie gefangen hält.

[…]

Nachdem der Bus durch den Schipholtunnel gefahren ist, beginnt der Verkauf der Bingo-Lose. Dieser begehrte Job ist heute Abend Nita zugefallen. »Wie viele dürfen es denn diesmal sein?« Geduldig bleibt sie vor Leanda und Naomi stehen. Sie stützt sich an der Rückenlehne ab und winkt mit einem Stapel Bingo-Karten. Die grünen Bingo-Tafeln mit den roten Plastikscheiben stecken in einem Beutel in ihrer anderen Hand.

Leanda zückt ihr Portemonnaie und schenkt der älteren Frau, mit der sie sich einen Tisch in der Bingo-Halle De Suikertuin teilen wird, ein freundliches Lächeln. Dank Tonny spielt Nita heute Abend gratis mit. Als Anerkennung für ihre Dienste bekommt sie ein paar Lose.

Leanda kennt Nitas heikle finanzielle Lage. Nach langer Krankheit ist sie entlassen worden und muss jetzt schauen, wie sie nur mit Sozialhilfe über die Runden kommt. Da Nita nicht der Typ ist, der Privates für sich behält, erzählt sie jedem, der es hören will, wie schlecht es ihr geht.

»Ja, ich muss einfach über meine schwierige Situation reden. Wie soll ich denn sonst Unterstützung bekommen, bitteschön? Wenn man zu lang die Luft anhält, platzt man. Und wenn niemand weiß, wie dreckig es einem geht, hilft einem auch keiner. Außerdem bin ich mit meinen Problemen ja nicht die Einzige«, hat sie an einem der gemeinsamen Bingo-Abende seufzend erzählt.

»Von der Regierung kann ich keine Hilfe erwarten. Ich hab nicht genügend eingezahlt. Angeblich lebe ich noch nicht lange genug hier.« Nita ist erst vor einigen Jahren von ihren Töchtern in die Niederlande nachgeholt worden, um deren Kinder zu hüten. »Aber jetzt, wo die Enkel groß sind, kümmern sich meine Kinder nicht mehr um mich. Ohne mein Bingo wüsst ich nicht, wie ich zurande kommen soll«.

»Aber so Gott will, werd ich nächstes Jahr 65, und dann bekomm ich Rente. Das ist auf jeden Fall mehr als die jetzigen Almosen. Und dann kann ich fünf statt nur zwei Mal die Woche zum Bingo«, sagt sie hoffnungsfroh. »Außerdem fühle ich mich dann nicht so einsam. Es ist wirklich nicht schön, den ganzen Tag allein zu sein. Manchmal ertappe ich mich schon dabei, Selbstgespräche zu führen. Dann muss ich lachen oder denke: Nita, du wirst jetzt schon dement. Ihr seid inzwischen fast so etwas wie eine Familie für mich. Meine Töchter sind viel zu sehr mit ihrer eigenen beschäftigt, wenn ihr versteht, was ich meine.«

[…]

Kurz darauf erreicht der Bus den Bahnhof Amsterdam Centraal. Es nieselt nur noch ein bisschen. Am Parkplatz vor der Sint-Nicolaaskerk stehen die anderen Reisebusse, die ihre menschliche Fracht vor der Bingo-Halle abgeliefert haben.

Rasch leert sich der Bus, in dem Leanda sitzt. »Ich bin gespannt, ob Mahelia heute Abend da ist«, sagt sie beim Aussteigen zu Atie.

Suchend überfliegt die Blondine mit den Goldzähnen die Bingo-Spieler, die auf das beliebte surinamisch-chinesische Restaurant Kam Yin am Anfang des Zeedijk zuströmen. Wie eine Ameisenkolonne marschieren sie hintereinander her. »*No*, ich hab sie noch nicht gesehen. Sie ist bestimmt mit dem Auto da und sitzt schon drin, wetten?«

»Oder aber ihre Allergien fesseln sie ans Haus«, sagt Naomi.

Alle drei müssen laut lachen.

»Na ja, wie ich Mahelia kenne, halten sie heute keine zehn Pferde daheim. Wenn es ums Geld geht ... Denk an die Wucherzinsen«, sagt Leanda. »Von der leihe ich mir schon lange nichts mehr.«

»Wer weiß, vielleicht hat sie heute Abend eine Beerdigung.« Um mit Leanda und Naomi mithalten zu können, muss Atie ihre Schritte beschleunigen. »Neulich ist sie auch überstürzt aufgebrochen, weil ihr Bestattungsinstitut angerufen hat.«

»Hatte sie denn gute Karten?« Das Lachen, das Leanda unterdrückt, steht ihr ins Gesicht geschrieben.

»Bestimmt. Aber du glaubst doch nicht im Ernst, dass sie die weitergegeben hat?«

Sie werden schneller, bis sie fast am Kopf der Gruppe sind, die zur Festhalle De Suikertuin am Oudezijds Voorburgwal unterwegs ist.

»*Are you out of your fucking mind?*« Aus der Kneipe gegenüber von einem Coffeeshop kommen mehrere Engländer. Schwankend bahnen sich die Touristen einen Weg zwischen den Glücksspielern hindurch. Vor der Kneipe lassen sie sich auf dem Gehsteig nieder und beginnen fröhlich zu singen.

Naomi und Atie bleiben vor den Sexshop-Auslagen stehen.

»Ich versteh nicht, was Frauen an einem Vibrator finden.« Atie verzieht verächtlich das Gesicht. »Ich hab auch einen zu Hause. Ich kann mich nicht daran erinnern, wann ich das Ding das letzte Mal benutzt hab.«

Naomi mustert die Dildos, die in den unwahrscheinlichsten Größen zwischen den Potzenzmitteln liegen, und kichert hinter vorgehaltener Hand.

»*Oh, my God, Ethel, look at that!*« Zwei Amerikanerinnen mittleren Alters in khakifarbenen Burberry-Mänteln schlagen sich die Hand vor den Mund. Entsetzt starren sie auf einen riesigen Kunstpenis mit leuchtender Eichel in einem der Schaufenster. SEX-CINEMA prangt in grellen Lettern über dem Eingang. Mit ihren ordentlich gewellten, silberblondierten Haaren sehen sie aus wie einem Roadmovie entsprungen. Atie, Naomi und Leanda halten sich die Bäuche vor Lachen.

»Schaut euch bloß die Junkies an«, flüstert Atie. »Wie lebende Tote.« Als einer von ihnen auf sie zukommt, wendet sie den Kopf ab.

»Wollen Sie ein Transistorradio kaufen, Mevrouw?«, fragt der Mann Leanda und schenkt ihr ein zahnloses Lächeln. Die Kleider, die an seiner ausgemergelten Gestalt herabhängen, haben schon bessere Zeiten gesehen. Ihre ursprünglichen Farben sind unter einer dicken Schmutzschicht verborgen. Sein verfilztes Haar sitzt ihm wie ein Klumpen auf dem Kopf. Schwer zu sagen, wie alt er ist. Der Gestank, der ihn umgibt, lässt Leanda nach Luft ringen. Sie hält den Atem an und mustert ihn.

Er hält ihr einen nassen Karton mit bonbongrellen chinesischen Schriftzeichen entgegen. Was soll sie mit dem Ding?

»Nein!« Sie geht weiter.

Kurz bevor sie von der Warmoesstraat in den Lange Niezel einbiegen, holt der Junkie Leanda ein und hebt die Hand.

»Mevrouw, würden Sie mir das bitte abkaufen?« Erneut hält er ihr den bunten Karton unter die Nase.

Leanda wendet den Kopf ab. Hat er sie nicht richtig verstanden? Sie hat keine Lust, noch mehr Zeit an ihn zu verschwenden. Nein heißt Nein. Sie muss hart für ihr Geld arbeiten und hat nicht vor, es solchem Gesindel in den Rachen zu schmeißen.

»Bitte kaufen Sie es mir ab, Mevrouw! Dann kann ich mir was zu essen besorgen.«

Leanda schaut ihn lange an. Wenn sie eines nicht abschlagen kann, dann die Bitte um Essen. Das hat sie von ihrer Mutter, die immer jeden willkommen hieß – lange bevor sie ihr Geld für Bingo und illegales Glücksspiel aus dem Fenster geworfen hat. Sie steht Tag für Tag hinterm Herd. Nie könnte sie es sich verzeihen, den Mann hungern zu lassen.

Wortlos sucht sie in ihrer Handtasche nach dem Geldbeutel. Wegen des penetranten Gestanks, den der vor Dreck starrende Mann ausdünstet, atmet sie ab und zu kurz durch den Mund.

»Du solltest ihm lieber selbst was zu essen kaufen. Dann weißt du wenigstens, wo dein Geld landet. Du willst doch nicht, dass er es schnupft, oder?« Atie hat sie eingeholt.

»Was möchtest du essen?«, fragt Leanda.

»Febo.« Sein zahnloser Mund verzieht sich zu einem Lächeln. Er zeigt auf die Snackbar auf der anderen Seite der Gracht. Das grelle Gelb der Wände steht im starken Kontrast zum Grau der umliegenden Gebäude.

Die drei Frauen verlassen die Gruppe, die vom Lange Niezel links in die Gracht einbiegt, und überqueren die Brücke. Gemeinsam mit dem Junkie betreten sie den Imbiss.

»Einen Hamburger und legen Sie ruhig noch zwei Hühnerschlegel drauf.« Ungeduldig schaut Leanda auf die Uhr. Weil sie weiß, dass das Bingo in Kürze beginnt, wird sie auf einmal nervös.

»Glaubst du, das hilft ihm? Er wird das Zeug einfach an einen anderen Junkie verkaufen und dein Geld trotzdem schnupfen.« In sicherem Abstand zu dem Gestank, den der Mann verbreitet, mustert ihn Naomi missbilligend. »Beeil dich, das Bingo wartet nicht.«

»Wenn du das hier verkaufst, wird Gott dich dafür strafen.« Leanda wirft dem Mann einen strengen Blick zu und gibt ihm die weiße Papiertüte.

»Wenn das so ist, dürfte er schon lang nicht mehr an Gott glauben.« Kopfschüttelnd sieht Atie zu, wie Leanda ihm das Essen überreicht. Sie geht zur Tür und schaut hinüber zur anderen Straßenseite, wo der Eingang zum Suikertuin von einer riesigen Menschenmenge verstellt wird.

»Glauben Sie mir, Mevrouw, ich hab den ganzen Tag nichts gegessen, der Schlag soll mich treffen, wenn ich Sie anlüge.« Er presst das Essen wie einen kostbaren Schatz an sich und macht ein paar Schritte rückwärts. Er nickt. »Vielen, vielen Dank, Mevrouw, Gott wird es Ihnen doppelt und dreifach vergelten. Heute Abend gewinnen Sie bestimmt!« Ihre Blicke treffen sich. Leanda schaut zu Boden, sie fühlt sich ertappt. Was gibt ihr das Recht, ihn zu verurteilen? Verliert sie nicht selbst gerade die Kontrolle über ihr Leben? Sie verdrängt diesen unangenehmen Gedanken, während sich der Junkie in Luft auflöst – Luft, die trotz des kalten Novemberabends etwas Drückendes hat.

[…]

»Nummer 23!«

Leanda schiebt die durchsichtige rote Plastikscheibe über die 23 auf der grünen Tafel. Das Spiel hat gerade erst angefangen, doch das Grün hat sich bereits ziemlich rot verfärbt. Die Unlust, mit der sie diese Runde begonnen hat, ist einem nervösen Kribbeln gewichen. Sie sitzt kerzengerade. Wenn sie doch den ganzen Abend so ein Glück hätte! Obwohl die Sachpreise ihr auch nicht helfen werden, die Rechnungen zu bezahlen, die sich zu Hause stapeln, wird ihr ganz schwindlig vor Aufregung. Sollte sie heute Abend den

Jackpot gewinnen, ist sie ihre Probleme fürs Erste los. Nur dann könnte sie dem Urteil entrinnen, das sie in Gestalt eines weißen Umschlags erwartet.

Die Erkenntnis, dass ihr das Glück endlich hold ist, lässt sie weiter im Stillen hoffen, dass dieser Abend ein gutes Ende nehmen wird. Heimlich steckt sie die Hand in die Tasche und umklammert den Umschlag. »Lieber Gott, bitte lass mich heute Abend nicht im Stich«, murmelt sie leise. »Lass dein Licht auch auf mich scheinen. Schenk mir Glück. Im Namen deines Sohnes Jesus Christus.«

Am frühen Abend, noch vor Verlassen des Hauses, hat sie schon einmal mit dem Umschlag in der Hand gebetet. »Der Herr ist mein Hirte; mir wird nichts mangeln. Er weidet mich auf grüner Aue und führet mich zum frischen Wasser. Er erquicket meine Seele; er führet mich auf rechter Straße um seines Namens willen. Und ob ich schon wanderte im finstern Tal, fürchte ich kein Unglück; denn du bist bei mir, dein Stecken und dein Stab trösten mich. Du bereitest vor mir einen Tisch im Angesicht meiner Feinde. Du salbest mein Haupt mit Öl und schenkest mir voll ein. Gutes und Barmherzigkeit werden mir folgen mein Leben lang, und ich werde bleiben im Hause des Herrn immerdar.« Anschließend hat sie laut ausgesprochen, was sie so belastet. »Mein Gott, ich hoffe auf dich, lass mich nicht zu Schanden werden, dass sich meine Feinde nicht freuen über mich. Lass mich heute Abend bitte diesen Jackpot knacken, Jehova«, beendete sie ihr Stoßgebet. Sie schloss sich in ihrem Zimmer ein. Um Naomi und ihre Mutter, die heute auf Asia aufpasst, nicht zu beunruhigen, hat sie ihnen den Brief verheimlicht.

»Nummer 24!«

»*Mi stan.*« Leanda ist nur noch eine Zahl vom Sieg entfernt.

Atie wirft einen Blick auf die Karten ihrer Freundin. »Was suchst du dir aus, wenn du gewinnst?«

Leanda zuckt mit den Schultern »Was soll ich mit dem Zeug? Ich hab heute Glück, und das ist das Einzige, was zählt. Hauptsache, es hält den ganzen Abend an. Mein Gott, dann feier ich ein Freudenfest.« Vor lauter Nervosität kippt ihre Stimme.

»*Mi stan*!«, ruft plötzlich jemand hinter ihr. Leanda dreht sich um, ist neugierig, wer wie sie auch nur noch eine Zahl vom Preis entfernt ist.

»Wenn ich gewinne, nehme ich die Mikrowelle.« Die Frau mit dem Pferdegebiss starrt verzückt auf das Regal mit den Preisen. Ihre Lippen schaffen es kaum, ihre Zähne zu verhüllen.

Als Leanda die Frau sieht, die nicht gerade mit schönen Zähnen gesegnet ist, schöpft sie neuen Mut. Ihre Blicke treffen sich. Die Frau lächelt sie freundlich an und winkt. Sie zeigt auf die Karten. »*Mi stan*?«, formen ihre Lippen.

Leanda nickt gönnerhaft.

Sie staunt über die Freundlichkeit der Frau. Kurz hat sie ein schlechtes Gewissen. Wie kann sie so gehässig sein, wo die andere doch so nett zu ihr ist? Doch so schnell, wie ihre Gewissensbisse gekommen sind, sind sie auch schon wieder verschwunden. Sie ist niemand, der sich gern infrage stellt.

Leanda dreht sich um. »Die traut sich was!« Noch einmal schaut sie sich nach der Frau um, die sich jetzt über ihre Tafeln gebeugt hat.

»Die hat sich aber eingedeckt!«, sagt Atie kopfschüttelnd. »Wolltest du nicht gerade wissen, was ich nehme, wenn ich gewinne?«

»*Ai*.«

»Wart's ab!« Leanda lacht schadenfroh.

»Was ist denn jetzt schon wieder?«, sagt Naomi und gibt Leanda einen Stoß. »Ihr kommt auch bloß zum Lästern her.« Wieder gibt sie ihrer Mutter einen Schubs. »Wenn das so ist, brauchst du gar nicht auf deine Tafeln zu starren«, sagt sie mit ironischem Unterton.

»*Mi stan*, Mädel. Reg dich nicht auf. Ich warte auf die Vier. Und mit meinen Ohren ist übrigens noch alles in Ordnung.«

Leanda richtet sich auf. Aufmerksam lauscht sie auf die Zahlen, die ausgerufen werden. Warum lässt diese eine Ziffer bloß so lange auf sich warten? Ist das die Strafe dafür, dass sie völlig unnötigerweise so schlecht über die arme Frau gedacht hat?

»4!«

Die Anspannung Leandas legt sich im Nu. Sie atmet tief durch, um zum ersten Mal an diesem Abend in Triumphgeschrei auszubrechen. Ihr wird schwindelig, als ihr der heißbegehrte Ausruf über die Lippen kommt: »Bingoooooooo!« Sie springt auf. Viele Köpfe drehen sich zu ihr um. Jetzt, wo sich das Blatt anscheinend gewendet hat, schreit sie besonders laut, um all die Male, bei denen sie den Gewinn um Haaresbreite verfehlt hat, wieder wettzumachen. »Bingooo!«

»Komm runter, Mädchen. Es ist schließlich nicht der Hauptgewinn«, sagt Hesdy, der sie erstaunt ansieht. Aber Leanda hört ihn gar nicht.

»Los, komm nach vorn, Leanda, und such dir was Schönes aus.« René holt sie zurück auf den Boden der Tatsachen. Sie erhebt sich.

Amüsiert lehnt Atie sich zurück. Sie lässt die Frau nicht aus den Augen, die enttäuscht mitansieht, wie Leanda nach vorn schreitet. Erwartungsvoll verschränkt Atie die Arme vor der Brust.

Die silberne Mikrowelle wie einen Schatz vor sich her tragend, kehrt Leanda an ihren Platz zurück. Dabei vermeidet sie sorgfältig jeden Blickkontakt mit der Frau, der vor lauter Enttäuschung die Kinnlade runtergefallen ist.

Rob van Essen

AUS MANGEL AN BEWEISEN

Viele Leute haben wir längst vergessen, aber an Rosa und Winston denken wir noch oft zurück – fast schon sehnsüchtig, auch wenn ihre Geschichte kein Happy End hat. Eigentlich hat sie überhaupt kein Ende, weil wir immer noch nicht wissen, was mit Rosa passiert ist.

Sie wohnten in Noord, in Plan van Gool, einer Siedlung aus Sechzigerjahre-Hochhäusern, die durch Brücken miteinander verbunden sind. Wegen dieser Brücken wirken die Hochhäuser irgendwie surreal, und genau das gefiel Rosa und Winston. Sie nannten die Gegend Kamasutra-Viertel, weil die Straßen dort Namen hatten wie Obendrüber und Untendrunter. Sie waren so verrückt nacheinander, dass alles im Zeichen der Liebe stand.

Rosa nahm jeden Morgen die Fähre in die Innenstadt. Sie hatte an der Rietveldakademie Kunst studiert und arbeitete in einem Souvenirshop am Damrak. Sie liebte die Fähre. Morgens, so Rosa, spuckt sie die Leute aus Noord aus, die sich dann über die ganze Stadt verteilen. Und abends spuckt sie sie wieder zurück. Sie war noch jung, und wir sahen großzügig über ihre lyrischen Ergüsse hinweg.

Einmal erzählte sie uns, dass sie im Winter, wenn es schon um fünf Uhr dunkel wird, gern während der abendlichen Rushhour in einem Ballon über Amsterdam-Noord schweben würde. Wenn dann alle Leute auf der Fähre eine Stirnlampe trügen, könnte man ihre Spuren vom Ballon aus mit einer Kamera festhalten und bei einer ausreichend langen Belichtungszeit sehen, wie sich ein Fächer aus Lichtstrahlen über Amsterdam-Noord ausbreitet.

Vielleicht gibt es ja irgendeinen Topf mit Subventionen für so was, sagten wir damals, denn das Ganze ist bereits einige Jahre her. Heute würden wir sagen, schöne Idee, Rosa, aber wie willst du das bitte finanzieren?

Winston arbeitete an der Uni, ganz in der Nähe vom Souvenirladen am Damrak, in dem Rosa jobbte. Trotzdem machten sie sich abends nicht gemeinsam auf den Heimweg, denn Winston hatte eine Fähren-Phobie. Der Bus war auch keine Option, denn die Strecke führte unter dem IJ hindurch, und Tunnel konnte er auch nicht ertragen. Deshalb fuhr er jeden Tag einen Riesenumweg mit dem Rad über Amsterdam-Oost und die Schellingwouder-Brücke. Deshalb lief Rosa immer allein nach Hause. So kamen sie ungefähr gleichzeitig heim, was ihr gut gefiel. Außerdem ging sie gern zu Fuß, weil sie dabei alles Mögliche erlebte.

Vor unserem inneren Auge sehen wir sie noch heute manchmal durch die Stadt laufen: Mal hängt sie ihren Gedanken nach, mal hat sie eine Melodie im Ohr, mal schaut sie in den Himmel und denkt an ihren Ballon, von dem aus sie allen Leuten von der Fähre bis zu ihren Häusern folgen kann – so stellen wir uns das zumindest vor. Vielleicht schaut sie auch bloß deshalb nach oben, weil sie wissen will, ob sie noch trocken nach Hause kommt.

Winston gefiel das gar nicht, er hielt nichts von diesen Fußmärschen, denn Rosa erlebte auch unangenehme Dinge, vor allem auf dem letzten Stück zwischen Fähre und Kamasutra-Viertel: Einmal wurde sie von einem Hund gebissen und ein andermal von jungen Männern belästigt. Wieder ein anderes Mal erzählte Rosa, wie ihr auf dem IJplein ein Afrikaner vom Balkon aus was zugerufen habe. Schöne Frau!, los, komm rauf zu mir!, wobei er seine Worte mit schmatzenden Lauten untermalte.

Versteht ihr, was in so jemandem vorgeht?, rief Rosa empört. So ein Mann kommt aus einem ganz anderen Kulturkreis, sagten wir, weil das schon ein paar Jährchen her ist, und damals redete man noch so. Heute würden wir sagen: Was bildet sich der Kerl bloß ein, der soll sich gefälligst anpassen!

Aber ich hab das nicht einfach so hingenommen, sagte Rosa. Ich sah, dass die Haustür aufstand, also bin ich die Treppe raufgerannt und hab gerufen: So, hier bin ich. Also, was ist? Da ging auf einmal irgendwo eine Tür auf, und der Afrikaner spähte verängstigt in den Flur. Hinter ihm stand eine Frau mit Kopftuch, ebenfalls ganz verängstigt. Und, bist du jetzt zufrieden, du Wichser?, hab ich gerufen und bin wieder gegangen.

Klar, das hätte auch böse ausgehen können. Was, wenn der Mann nicht so ein Feigling gewesen wäre und keine Frau gehabt hätte? Eine Woche später schenkte Winston Rosa ein Rad. Doch Rosa ging weiterhin zu Fuß. Sie wurde noch einmal von einem Hund gebissen, und in der Woche darauf verschwand sie. Sie hat an dem bewussten Abend die Fähre genommen, dafür gibt es Zeugen. Aber sie ist nie zu Hause angekommen.

Natürlich fiel uns sofort der Afrikaner vom IJplein wieder ein, aber da gibt es viele Häuser, und wir konnten uns auch nicht mehr daran erinnern, ob Rosa was von einem dritten oder vierten Stock erzählt hatte. Die Polizei nahm uns unsere Geschichte nicht ab, die fand es viel interessanter, dass Winston immer den Umweg über die Schellingwouder-Brücke nahm: Wie kann man seine Freundin bloß mutterseelenallein nach Hause laufen lassen? Von einer Fähren- oder Tunnelphobie hatten sie noch nie was gehört. Sie lachten ihn einfach bloß aus: War er etwa schwul oder was? Im

Nachhinein sind wir davon überzeugt, dass sie ihn lange verdächtigt haben. Nur wir sind nie auf die Idee gekommen, dass er etwas mit ihrem Verschwinden zu tun haben könnte. Er war damals völlig kopflos.

Winston wohnt noch heute in Noord, manchmal sehen wir ihn auf der Fähre. Seine Phobie scheint er überwunden zu haben. Wenn er uns sieht, nickt er kurz, ansonsten geht er uns aus dem Weg. Wir haben gehört, dass er auf eine Karte in seinem Computer konzentrische Kreise einträgt, jeden Tag einen, der jeweils etwas größer ist als der vorherige, wie Jahresringe eines Baumes. In der Mitte dieser Kreise liegt das Gebiet, in dem Rosa verschwunden ist, irgendwo zwischen dem Anlegesteg der Fähre und ihrer Wohnung im Kamasutra-Viertel. Der Abstand zwischen den jeweiligen Kreisen entspricht dem Abstand, den sie innerhalb eines Tages zu Fuß zurücklegen könnte. Jeden Tag kommt ein weiterer Kreis dazu, als würde sie immer weiterlaufen, aber nicht nach Hause, sondern von dort weg. Das hat man uns zumindest so erzählt.

Roos van Rijswijk

UNHEILIG

Ein kleiner Tunnel, dann dehnt sich die Stadt vor ihnen aus, Stein umfängt die Schienen, und der Geruch nach verdorrten Weiden und frischer Luft weicht dem von Amsterdam. Ruß und jede Menge Leute in Eile oder in Urlaub. Der Zug hält, eine Frau an der Tür weiß nicht, dass sie den Knopf drücken muss, damit sie aufgeht, und stöhnt genervt.

»Der Knopf«, sagt Miguel. »*The button.*«

Als sich die Tür öffnet, zischt es. Der Bahnsteig stinkt nach Pisse, aber dahinter breitet sich die Stadt aus wie ein antiker Fächer. Sie steigen aus und nehmen die Treppe nach unten – die ganz normale Treppe. Jorge folgt Miguel und ahmt die Holländer nach, ihre Laute.

»Pass auf! Schau, wo du hintrittst!«

Überall, aber wirklich überall Menschen. Ein Polizist in Zivil mustert sie misstrauisch, führt die Hand ans Ohr wie in einem schlechten Film.

[…]

★

Die Stadt trifft ihn wie eine Ohrfeige. Während Jorge den Bahnhofsplatz überquert, als wäre das für ihn völlig alltäglich, stolpert Miguel über Rollkoffer, wird von Männern überrannt, die größer sind als er, und versucht sich wieder in Erinnerung zu rufen, wie man sich einen Weg durch so eine Menschenmenge bahnt. In Nieheim haben sich seine Schritte verlangsamt, dort hat er es verlernt, den Blick auf den Bürgersteig zu richten, damit die Leute sehen, dass er sie nicht sieht. Auf einmal ist er ein Mann, der wie geblendet auf die Touristenfluten starrt.

Sie haben es nicht eilig. Miguel fällt auf, dass es kein Wort für das Gegenteil von eilig gibt – für das Bedürfnis, weniger Zeit zur Verfügung zu haben. Sie bleiben kurz stehen. Mit seinem Handy macht er ein Foto vom Bahnhof und noch eines mit Jorge vor dem Bahnhofsgebäude. Der will dringend fotografiert werden und posiert mit hochgereckten Daumen. Die Fotos sendet Miguel einem alten Freund; er hat seine alten Kumpel genauso unbekümmert ausgetauscht wie seinen Wohnort – klammes Unbehagen steigt in ihm auf, als er die Bilder verschickt. Schlechtes Gewissen. Als ob dieser Freund jetzt alles stehen und liegen lässt, nur weil der tolle Miguel mal wieder in der Stadt ist! Wie lange haben sie sich nicht mehr gesprochen? Das letzte Mal muss Monate vor seinem Umzug gewesen sein. Miguel hatte sein persönliches Umfeld damals nicht eingeweiht, um Abschiedsfeiern vorzubeugen. Auf den Stress hatte er wirklich überhaupt keine Lust. Nach seinem Umzug mailte er ein paar Freunden. Einige waren sauer, andere wollten skypen und wieder andere bildeten sich ein, bei ihm Urlaub machen zu können. Später, später, sagte Miguel, das Haus ist noch nicht mal fertig. Schon wurden die Mails weniger. Seit er in Deutschland wohnt, geht er nur noch ins Internet, um nach Filmen oder Pornos zu suchen oder etwas nachzuschlagen.

Eine junge Frau rempelt ihn an. *Excuse me*, sagt sie mit holländischem Akzent.

Sein Freund schreibt nicht sofort zurück. Es quellen so unglaublich viele Leute aus dem Bahnhof, dass Miguel schon vom bloßen Hinschauen ganz schwindlig wird. Jorge packt ihn am Arm.

»Und, sieht es hier aus wie in Hamburg?«, fragt ihn Miguel.

Jorge grinst, winkt jemandem zu, einfach so. Sollte er plötzlich auf Holländisch losquasseln – Miguel würde sich nicht wundern.

Sie müssen zehn Minuten auf den Bus warten, der sie zu ihrer Übernachtungsgelegenheit bringt.

★

Auf einem kleinen Couchtisch haben die Wohnungsinhaber einen Stadtplan von Amsterdam hinterlegt, daneben befinden sich ein Reiseführer und ein Zettel, der den Weg zum nächsten Supermarkt und die öffentlichen Verkehrsmittel erklärt. Jorge legt sich im Nebenzimmer aufs Doppelbett. Vom Balkon aus kann Miguel eine kleine Wiese sehen, auf der Leute einen Garten angelegt haben. Jemand gräbt in Gummistiefeln feuchte Erde um. Sie ist so ganz anders als die Wiesen in Nieheim, die fast schon wieder gemäht werden müssen, wo reihenweise Kirschbäume stehen und jetzt gerade die Birnen reifen. Unten laufen nur alte Leute rum: über ihre Rollatoren gebeugt oder neben Hunden herschleichend, die auch nicht mehr besonders gut zu Fuß sind. Vögel singen, diese grünen, von denen es immer mehr gibt und die seiner Mutter zufolge keineswegs Papageien sind. Aber vor allem hört er Straßenlärm: links, rechts, hinter ihm.

Es ist hier nicht wahnsinnig prickelnd, haben die Vermieter auf Holländisch geschrieben, aber man ist schnell in der Innenstadt.

[…]

★

Am Stadtrand hatte er die Bauprojekte wiedergesehen. Häuser mit dicken Mauern, die durchlässiger waren, als sie aussahen. Bürogebäude, meist leer stehend, mit Verheißungen auf Riesenbannern: *Gute Lage/New business/Office for you.* Apartments, in denen Familien in winzigen Räumen Schimmel an die Wände duschten. Vage Erinnerungen an die glatten Böden im Haus seiner frühen Kindheit blitzten auf: die Treppengeländer mit den geschnitzten Blumen. Er spürte, wie seine Finger der Maserung folgten, wie das Holz weich nachgab, wenn er den Daumennagel hineingrub. Die Küche, in der sich ein großer gesichtsloser Mann, Alfons, hin und wieder einen Abend lang zu schaffen machte; mal Zwiebeln schnitt, ein Stück Lamm zum Marinieren in eine große Schale legte, mal Miguel auf den Arm nahm oder ihn Tomaten in eine Sauce geben ließ. Schwarzweiße Bodenfliesen, die Zimmerdecke ohne Stuck. Ein Haus aus lauter Fragmenten: Relieftapeten (blau, weiß, rot, rau), ein Schuppen ohne Holz, alte Fensterscheiben, die die Aussicht verzerrten. Draußen ein Baum, eine Gracht, der Lärm von Rädern und Autos auf den Ziegeln.

An dem Tag, an dem er zum zweiten Mal und diesmal endgültig nach Nieheim zog, mietete er ein Auto und fuhr durch Osdorp, an Bijlmer vorbei, und drehte eine Runde durch Noord. Er wollte die Gebäude noch einmal sehen. Weil er nichts als Tristesse wahrnahm und nicht die geringste Lust verspürte, ein weiteres erbärmliches Gebäude mit abplatzendem Spiegelglas zu errichten, wusste er, dass er von hier weg musste. Seine Mutter rief er nicht an.

Jetzt ist er wieder da und sieht die tief stehende Sonne, die Gebäude am IJ (allerdings nicht seine), das blaue Schiff, das er immer noch für neu hält, weil es früher, viel früher, nicht dort gelegen hat. Miguel hat in Deutschland nie Heimweh gehabt, aber jetzt, wo er durch seine Geburtsstadt fährt, überfällt es ihn mit voller Wucht, und was er sieht, ist fast zu viel für ihn. Ich bin die Stadt, denkt er, alles, was ich sehe, bin ich gewesen. Als er mit Jorge aus dem Bus steigt, ist alles frisch, trotz der Wärme. Er spürt seine Beine stärker, als er es gewohnt ist, widersteht dem Drang, ein Stück zu rennen, und lacht kurz auf. Jorge macht ein Foto mit seinem Handy.

»Komm!«, sagt Miguel.

Er zeigt Jorge De Wallen. Der Junge klopft ohne jedes Schamgefühl an die Scheiben und winkt den Damen, die gelangweilt zurück- oder ihn hereinwinken, Jorge will zu ihnen, aber Miguel zieht ihn weiter. Nicht im Schritt fummeln, weiterlaufen! In einer Kneipe am Zeedijk essen sie Bitterballen und trinken Bier.

»Hast du eigentlich schon mal gevögelt, Jorge?«, fragt Miguel.

»Natürlich, Jorge ist schließlich nicht blöd.«

Der junge Mann lacht über seinen eigenen Witz. Der Barmann redet stur Englisch mit ihnen. Sie bestellen noch etwas, Bier, Bitterballen, bis das Lokal um eins schließt. Dann lassen sie sich mit anderen verlorenen Seelen über den Zeedijk treiben. Manche Kneipen sind noch offen, aber Miguel ist schlecht, er will laufen, und Jorge läuft wie immer mit. Er macht einen glücklichen Eindruck.

★

»Hier hab ich gewohnt.«

Miguel zeigt nach oben. Die Lichter sind aus, aber er weiß, dass vor dem Fenster dunkelblaue Vorhänge hängen. Jorge und er lehnen sich an die Garagenwand, die Miguel früher vom Schlafzimmer seiner Mutter aus sehen konnte.

»Wo hast du überall gewohnt, Jorge?«

»Hamburg, Berlin.«

»Auch in Berlin?«

»Nicht sehr lange, ich hab bei Freunden gewohnt.«

»Gute Freunde?«

»Nein. Nicht gut. Nicht gut für Jorge.«

»Wie lange willst du eigentlich noch bei mir wohnen, Mann? Was, wenn ich umziehe?«

Vielleicht sollte er umziehen, aber dann wird ein anderer auf dem Berg wohnen, unter seinem Dach, in seinen vier Wänden; andere Füße auf seinem Boden und auf der Veranda, ein anderer Hund als Wotan, der noch kommen wird. Nur der Mexikaner wird zurückbleiben und zusehen, wie ein Fremder Farbe auf Wände schmiert, Mahlzeiten zubereitet, in der Badewanne untertaucht.

»Nein«, sagt Jorge.

Miguel überquert die Straße, während sich sein Kumpel an der Mauer wütend eine Zigarette anzündet. Die Klingel ist noch dieselbe – bis er acht Jahre alt war, konnte er sie nicht erreichen. Der Briefkasten ist noch derselbe, er öffnet ihn, bückt sich und schnuppert. Feuchtigkeit, alte Zeitungen, Suppe, Staub. Ist sie zu Hause? Soll er betrunken bei ihr klingeln, sie begrüßen, etwas sagen? Auf Wiedersehen, Lebewohl. Ich liebe dich oder die Wahrheit – dass er in ihrer Nähe plötzlich unter drückenden Schuhen und trockenen Lippen leidet, an dem Gefühl, dass sein Kragen zu eng ist – was hat sie davon, was hat er davon? Das ist jetzt alles viel zu kompliziert.

Als er sich zu Jorge umdreht, sieht er im Haus gegenüber, in dem seiner Mutter, Licht brennen und die Silhouetten von zwei jungen Männern, die zum Lärm der Wibautstraat tanzen, sich umarmen und küssen. Jorge weist er nicht darauf hin. Er schnorrt ihn um eine Zigarette an. Los komm, Schlafenszeit. Es dauert zwanzig Minuten, bis sie ein Taxi finden.

Lodewijk van Oord

NATURA ARTIS MAGISTRA

Das gurgelnde Schnauben des Nilpferds, abrupt unterbrochen vom Trompeten zweier Elefanten, dicht gefolgt von unerschrockenem Gebrüll aus tiefster Löwenkehle: Andere haben einen Wecker, ich habe monströse Naturgeräusche. Wenn ich morgens ins Bad gehe, denke ich, dass es schlimmere Arten gibt, geweckt zu werden. Im Spiegel werfe ich einen raschen Blick auf meinen Dreitagebart, eine Rasur halte ich auch heute für unnötig. Den größten Teil des Tages werde ich zu Hause am Küchentisch sitzen und an der Präsentation für den späteren Nachmittag arbeiten.

Die Tage, an denen ich mit dem Rad die Grachten entlanggehetzt bin, von Fördermittelkommission zu privaten Co-Finanziers, von der Bank zum Filmförderfonds, Schnellhefter mit Finanzierungsvorschlägen und *Project Proposals* im Gepäck, gehören glücklicherweise der Vergangenheit an. Ich lebe nun den perfekten Kindheitstraum, bin als Hauptrolle für den Film gecastet worden, zu dem ich selbst das Drehbuch schreiben durfte. Inzwischen ist es zwei Jahre her, dass ich diesen Schritt gemacht habe, der viele überrascht hat, den ich aber nach wie vor nicht als radikale Kehrtwende betrachte. Ich habe die gierigen Hyänen an der Herengracht gegen die Schabracken-Hyänen im Schleichkatzengehege, die Aasgeier vom Museumplein gegen ihre bleichen Artgenossen in der riesigen Raubvogelvoliere eingetauscht. Die durchtriebene, scharfzüngige Kollegenmeute habe ich noch keine Sekunde vermisst. Wenn ich Menschen aus meinem früheren Leben in der Stadt über den Weg laufe, kommen sie mir vor wie völlig fremde Wesen – was bestimmt auf Gegenseitigkeit beruht. Das obligatorische, oberflächliche Gespräch – wie geht's, danke gut, viel Stress, alles klar – gerät in der Regel schnell ins Stocken, woraufhin sich einer von uns mit einer lahmen Ausrede aus dem Staub macht.

Ich ziehe die Vorhänge auf und werfe einen Blick nach draußen. Wolken am Himmel, sich wiegende Wipfel, Laub auf Grünanlagen und Gehwegen. Es regnet nicht, ist aber offenbar noch kühl, außerdem weht ein heftiger Wind, der ganz schön tückisch sein kann. Aus dem Korb mit der Schmutzwäsche hole ich mein rotes Lieblings-T-Shirt, darüber ziehe ich meine Glücksbringer-Jacke: das zerschlissene Wildlederjackett, das ich vor einer Ewigkeit für fünfundzwanzig Gulden auf dem Waterlooplein erstanden habe. Dieses Jackett trage ich immer, wenn's drauf ankommt: am hektischen letzten Drehtag, beim Pitchen eines neuen Szenarios oder eben jetzt, am Morgen vor der wichtigen Präsentation. Ich setze mich vor den Spiegel und öffne das Jackett. Seitenverkehrt sehe ich das Motto meines Zoos, das in schwarzen Lettern über dem Kopf eines cartoonesken Elefanten angeordnet wurde.

Natura Artis Magistra

Als die Kaffeemaschine brodelt, öffne ich die Küchentür und gehe nach draußen. Tagesanbruch – die Zeit rund um Sonnenaufgang ist mir heilig. Ich habe eine feste Route, die mich in einer knappen Stunde über meine Lieblingswege führen wird: meine Weltreise im

Morgengrauen beziehungsweise mein Aufklärungs-feldzug vor dem Frühstück. Es ist nicht nur ein herrlicher Spaziergang in morgendlicher Stille und Frische, sondern vor allem ein bestimmter Führungsstil, eine Methode, dem Tierpark als Direktor auf den Zahn zu fühlen, damit ich als Erster weiß, wie es um meinen Zoo bestellt ist und wie es den Tieren geht.

Schräg gegenüber der Zoodirektor-Wohnung lebt die kleine Katzenbärin, die wie immer in ihrem einsamen Baum vor sich hin döst. Jeden Morgen klatsche ich im Vorbeigehen in die Hände, woraufhin die Katzenbärin kurz ihren hellbraunen Kopf hebt. Aber an diesem Morgen reagiert sie nicht. Ich klatsche erneut, diesmal lauter, aber nicht einmal der buschige Schwanz bewegt sich. Ein sympathisches Tier, das nur macht, worauf es Lust hat. Schnell gehe ich am Verwaltungsgebäude »Die Hoffnung« vorbei zu den Menschenaffen. Seit ich hier Direktor bin, habe ich ein paar interessante Studien über Schimpansen gelesen. Die meisten Weibchen sind in den letzten Tagen fruchtbar geworden, ihre Hinterteile und Genitalien sind so rosig wie die Glasur eines Cremeschnittchens und so prall wie ein Ballon. Im Affenhaus sehe ich die jungen Männchen herumtollen wie wild gewordene Halbwüchsige, gesteuert von ihren Hormonen. Das Alphamännchen wartet währenddessen geduldig und souverän in seinem Hochnest aus Traktorreifen und Stroh. Das primitive Gebalze seiner jugendlichen Kumpane ignoriert er. Inzwischen kenne ich mich aus und weiß, dass er es sich erlauben kann, zu warten, weil sich ihm die Weibchen kurz vor dem Eisprung freiwillig anbieten werden. Für die jungen Männchen ist das Balgen und Balzen nur ein Spiel, die Chance auf Befruchtung ist in der frühen Phase gering. Erst auf dem Höhepunkt ihrer Fruchtbarkeit werden die Weibchen wählerischer. In gewisser Weise kommt mir das Sexualverhalten im Affenhaus viel zivilisierter vor als das unüberlegte Rumgevögel in der großstädtischen Menschenwelt.

Kaum habe ich die Tür des Affenhauses hinter mir geschlossen, höre ich das laute Heulen der Wölfe – was mir stets Gänsehaut beschert. Eine der Fragen beim Vorstellungsgespräch – eine dieser lockeren Einstiegsfragen, um das Eis zu brechen – hatte dann auch gelautet: »Was machen Sie, wenn sich Anwohner über das nächtliche Heulen der Wölfe beschweren?« Ich muss ziemlich verwundert reagiert haben, da ich mir einfach nicht vorstellen konnte, dass es Anwohner gibt, die so etwas tatsächlich tun. Ein Irrtum, denn vor allem in der Plantage Middenlaan wohnen einige fanatische Tierhasser, die sich noch immer nicht damit abgefunden haben, dass es hier seit hundertfünfzig Jahren einen Zoo gibt, bewohnt von Tieren, die bei Sonnenauf- und -untergang Urlaute auszustoßen pflegen. »Ich würde ihnen eine Jahresfreikarte anbieten«, schlug ich vor. »Ich würde sie einladen, vorbeizuschauen, die Tiere kennen- und ihre Bedeutung schätzen zu lernen. Vielleicht sollten wir demnächst mal eine nette Grillparty für die Nachbarn organisieren. Ein üppiges Fleischbankett für Mensch und Wolf.«

Das Gremium schüttelte nur den Kopf. Das hatte man alles längst ausprobiert – leider ohne jeden Erfolg.

»Auch die Wölfe sind Amsterdamer«, fuhr ich mit ernster Stimme fort. »Und genau das muss man den Leuten klarmachen. Man sollte stets das Gespräch mit den Anwohnern suchen. Ein Tierpark, der mitten in der Stadt liegt, kann sich keine Nachbarschaftsstreitigkeiten erlauben.«

Das Gremium nickte und hakte die Frage wohlwollend ab.

Esther Gerritsen

RADFAHREN

Manchmal mache ich einfach nicht mit. Selbst wenn ich auf einem Rad sitze, bin ich nicht wie sie, die Radfahrer von Amsterdam, sondern bin die Ruhe selbst und halte an einem Zebrastreifen an und sehe, wie sie weiterradeln und Fußgänger um Haaresbreite nicht anrempeln, oder mitunter eben doch und wie sie die ältere Frau am Straßenrand einfach warten lassen.

Anmutig strecke ich meine Hand aus, mache eine Geste, die so viel wie »Gehen Sie nur« bedeutet, doch schon überholen mich andere Radfahrer, und wenn die ältere Frau die Straße tatsächlich auf mein Zeichen hin überquert hätte, wäre sie auf der Stelle umgesäbelt worden. Darum warten wir beide ab. Genauso gut hätte ich weiterradeln können.

»Mach schon«, sagt die Frau daraufhin schlecht gelaunt, mit einer kleinen, aggressiven Handbewegung. Ich sage: »Nein, Sie zuerst«, doch schon wieder überholt mich ein Radfahrer. Jetzt liegt blanke Wut im Blick der Frau. Manchmal denke ich, dass es zu mehr Irritation führt, wenn ich die Ruhe bewahre. Allerdings bin ich sowieso meistens alles andere als ruhig. Kürzlich bin ich jemandem über die Füße gefahren. Ich kann keine mildernden Umstände anführen. Zebrastreifen, rote Ampel usw. Es war eindeutig, wer Vorrang hatte. Aber ich dachte, das geht schon noch. Ich dachte auch: Das schaff ich, die sehen mich doch, die sehen, wie schnell ich fahre und wie schade es wäre, jetzt zu bremsen. Aber für den Fußgänger schien es auch das Allernormalste zu sein, die Straße zu überqueren, obwohl er mich sah! Seine Dreistigkeit verblüffte mich.

Nicht dass ich es in solchen Momenten eilig hätte. Selbst wenn ich zu früh aus dem Haus gehe, fahre ich über Rot. Etwas passiert mit mir, wenn ich in Amsterdam Rad fahre, etwas, was mir Vorfahrt verleiht, und das geht nicht nur mir so. Ich bin überzeugt, dass man sehr viel über den Menschen lernen kann, einzig und allein indem man die Radfahrer in Amsterdam studiert.

Als ich dem Jungen über den Fuß fuhr, die Unebenheit unter meinen Reifen spürte, rief ich: »Oh, Entschuldigung!«, als hätte ich den Jungen nicht gesehen. Meine Entschuldigung wurde nicht angenommen. Der Junge ging wütend weiter. Die Entschuldigung war auch lächerlich. *Preposterous*, sagen die Engländer. Das ist ein gutes Wort, das sich nicht ruhig aussprechen lässt. Es geht immer mit einem entsprechend gekränkten Ton einher. Meine Entschuldigung war *preposterous*. Als würde man jemandem absichtlich ins Gesicht schlagen und sich danach entschuldigen, als sei einem das selbst auch bloß zugestoßen.

Annie M. G. Schmidt

FAHREN SIE DOCH MAL NACH AMSTERDAM!

Der große Nachteil, in Amsterdam zu wohnen, besteht darin, dass man nie nach Amsterdam kommt. Jedenfalls nicht wir Frauen!

Wohnen wir in der Rivierenbuurt, bekommen wir tagtäglich De Gruyter, Albert Heijn, den Vana und die Trambahnlinie 25 zu Gesicht. Wohnen wir in der Gegend des Hoofddorpplein, bekommen wir Albert Heijn, De Gruyter, den Vana und die Trambahnlinie 2 zu Gesicht. Wohnen wir in Watergraafsmeer, bekommen wir auch wieder bloß De Gruyter, Albert Heijn, den Vana und ganz aus der Ferne die Trambahnlinie 9 zu Gesicht.

Nicht, dass das nicht spannend wäre, aber sehr typisch für Amsterdam ist es nun nicht gerade. Wenn wir zu unserer Schwägerin in Gouda sagen: Ach bin ich froh, in Amsterdam zu wohnen! De Gruyter, Albert Heijn, Simon de Wit!, wird sie sagen, meine Güte, diese Lebensmittelläden gibt es bei uns doch auch!

Das Dumme ist nur, dass wir auch nie nach Amsterdam kommen. Erst gestern ist mir ein Reiseführer für Touristen in die Hände gefallen. *Welcome to Amsterdam*. Was für eine Stadt darin geschildert wird! All die Fotos von den Grachten, die praktischen Karten und sämtliche Bauwerke von Hendrick de Keyser auf einmal. Was für Möglichkeiten sich da auftun! All die herrlichen alten Gebäude und Museen. Da hab ich eine Riesenlust bekommen, nach Amsterdam zu fahren. Aber wie stellt man das an, wenn man dort wohnt?

Angenommen, ich wär eine Mrs. Johnson aus Birmingham, dann wüsste ich das ganz genau. Dann würde ich zu meinem Mann sagen, natürlich auf Englisch: Komm, wir fahren nach Amsterdam. Dort schmeckt das Essen, und die Naitwotsch ist auch wunderbar! Dann hätte ich Gelegenheit, eine ganze Woche an den fantastischen Grachten entlang zu flanieren, die Häusergiebel zu bestaunen, tief in die Geschichte Amsterdams einzutauchen – den Reiseführer fest in der Hand –, Gabriel Metsu zu sehen, in der Dämmerung meinen Gedanken auf dem Groenburgwal nachzuhängen – ach, wär das schön! Aber wenn man nicht Mrs. Johnson ist und in Amsterdam wohnt, kommt man dort nie hin.

Oder glauben Sie allen Ernstes, für eine Hausfrau aus Watergraafsmeer wäre es drin, morgens nach dem Frühstück zu sagen: Kommt, Kinder, heute ist Mittwoch, und da geht eure Mutter saitsiehn. Fort mit euch, los, zur Schule, Mutter will die Giebel in der Koestraat bewundern.

Daraus dürfte nie was werden! Wie traurig, wenn man bedenkt, dass man fünfundachtzig Jahre lang in Amsterdam wohnen kann, ohne je den Montelbaansturm gesehen zu haben. Das macht einem zu allem Überfluss auch noch ein schlechtes Gewissen.

Ich kenne eine alte Jungfer, die sich ihr Leben lang Vorwürfe gemacht hat, als gebürtige Amsterdamerin nie das Mauritshuis gesehen zu haben. An ihrem siebzigsten Geburtstag hat sie dann erfahren, dass das Mauritshuis in Den Haag ist. Und erleichtert gesagt: Puh, dann muss ich dort auch nicht gewesen sein.

Wie dem auch sei, wie können wir es bloß anstellen, wenigstens einmal nach Amsterdam zu fahren? Ich glaube, uns wird nichts anderes übrig bleiben, als nach England zu gehen und von dort aus die Reise nach Holland anzutreten. Amerika ist zu weit weg, den weiten Weg möchte ich niemandem zumuten. Aber Ihnen wird nichts anderes übrig bleiben, als mit Koffern, Rucksack und großer Sonnenbrille nach England zu reisen. In Harwich dürfen Sie einen ganzen Tag im Wartesaal verbringen und dann … dann beginnt die Reise nach Amsterdam. Reiseführer, Karte, Stadtplan und eine Liste mit Hotels haben Sie dabei. Sie erreichen Hoek van Holland. Im Zug zittern Sie vor Ungeduld: Wir fahren nach Amsterdam! An der Centraal Station sehen Sie das viele Wasser wogen, die St.-Nikolaus-Kirche, die Boote, und rufen entzückt: O, wie bjutiful!

Sie haben nur eine Woche Zeit, und die müssen Sie ausnutzen. Den Beginenhof nicht vergessen, das Trippenhuis, den Schreiersturm, den Zeedijk, die Oude Kerk, het Kolkje … Denken Sie immer daran, dass Sie am Samstag wieder auf dem Boot nach England sein werden. Dann ist er vorbei, der Amsterdam-Besuch, und Sie werden nie wieder zurückkehren! Was, Sie haben das Rembrandthuis vergessen? Das ist aber ganz besonders schade, denn diese Gelegenheit kommt nicht noch einmal. Wieder in England angekommen, nehmen Sie umgehend dasselbe Boot zurück und gehen erneut zum Hoofddorpplein, verstanden? Da hocken Sie dann wieder für den Rest Ihres Lebens bei Albert Heijn, De Gruyter und dem Vana.

Ihre Nachbarin wird fragen: Wo wart ihr denn?

Und Sie können antworten: In Amsterdam. Eine ganze Woche. Was für eine unglaublich schöne Stadt. Da sollten Sie auch mal hinfahren!

Hanny Michaelis

ABSCHIED VON AMSTERDAM

Die Tram hält quietschend vorm Centraal Station
Wir steigen aus … und schon ein Kloß im Hals
Zum Glück: So werd ich doch noch sentimental
Diskret und taktvoll verhüllt sich die Sonne.

Noch einmal flattern meine schweren Augen
Wie müde Vögel im Abendwind
Über das noble steinerne Labyrinth
Aus Kirchtürmen, Bögen, Giebeln
Gezackte Ränder vor hellem Himmel
Voll grauer Wolkenfetzen mit Fransen

Wie lange werde ich das alles nicht mehr sehen?
Doch irgendwann komm ich vielleicht zurück.
Vielleicht …

Auf der Flucht in die Bahnhofshalle
netzt meine Wange ein Tropfen: Es regnet.

AM ENDE DES RUNDGANGS

In ganz Europa war das Ende des Zweiten Weltkriegs für die Künste *die* große Zäsur. Die Auseinandersetzung mit katastrophischer Vergangenheit, chaotischer Gegenwart und unsicherer Zukunft veränderte Ton und Inhalte dramatisch, allen voran in der Literatur. Unser Rundgang durch das Amsterdam des Jahres 1945 macht dies schon in den ersten Sätzen sichtbar und hörbar.

Dem 1945 von Auschwitz nach Amsterdam zurückkehrenden Jozef Borensztajn fällt als erstes auf, in welch erbärmlichen Zustand seine befreite Heimatstadt ist; er sieht die leerstehenden geplünderten Häuser der Deportierten und Verschollenen, die Untergetauchten, die auf der Suche sind nach Angehörigen und Freunden; die zurückkehrenden, lebenden Toten, die die Lager überlebt haben.

Autoren wie Willem Frederik Hermans laufen angesichts der Nachkriegszustände zu literarischer Hochform auf, seine Schimpfkanonaden auf Opportunismus und Dummheit vieler seiner Landsleute sind einzigartig in der niederländischen Literatur. Seine Figur Lodewijk Stegman, desillusionierter Rückkehrer aus der 1949 unabhängig gewordenen Kolonie »Niederländisch-Indien« (Indonesien), wütet über die vollkommene Sinnlosigkeit des auf allen Seiten mit äußerster Brutalität geführten Kolonialkrieges.

In den fünfziger Jahren ist Amsterdam noch weit entfernt von dem beeindruckenden und bezaubernden »Venedig des Nordens« von heute; die Grachten fungieren vor allem als Abwasserkanäle und stinken dementsprechend, wie H. M. van den Brink uns eindrücklich demonstriert. Erst Anfang der sechziger Jahre erholt sich die Stadt langsam wieder von Besatzung, Krieg, Kahlschlag und Hungerwinter, und Margriet de Moor zeigt uns, wie auch das alte Zentrum für Musik, Theater und Kabarett rund um den geliebten und beliebten Rembrandtplein wieder zu altem neuem Leben erwacht.

Krach und Aufruhr gibt es immer dann, wenn die Ideen und Vorstellungen von einem historischen und von einem modernen Amsterdam aufeinanderprallen. Wenn die berittene Polizei mit martialischen Mitteln gegen die friedensbewegte und in ihrem Protest spielerische und phantasiereiche Provo-Bewegung vorgeht, sei es bei den massiven Protesten gegen die als Volksfest inszenierte Krönung von Königin Beatrix oder beim Abriss eines Teils des Judenviertels am Waterlooplein, zeigt sich die ganze Hilflosigkeit der alten Ordnung. A. F. Th. van der Heijden hat dieses rebellische Amsterdam in vielen seiner Romane eindrücklich beschrieben.

Als die niederländische karibische Kolonie Surinam unabhängig wird, verändert sich das überwiegend »weiße« Straßenbild noch mehr, und das Königreich muss größte Anstrengungen unternehmen, um den enormen Zustrom der »Landsleute aus Übersee« zu bewältigen. Clark Accord, selbst in Paramaribo geboren, gibt uns Einblick in eine deutlich farbigere Welt.

Inzwischen ist Amsterdam mit seinen Marokkanern, Türken, Kroaten, Polen, Syrern und fast 200 weiteren Nationalitäten (und mehr Fahrrädern als Einwohnern) noch vor New York die multikulturellste Stadt der Welt. Robert Vuijsje denkt darüber auf Amsterdamer Weise nach: mit wunderbarer Selbstironie und Gelassenheit. Und mitten in diesem babylonischen Sprachgewirr hören wir auch die Stimmen der Bewohner des Tiergartens Artis.

Eva Cossée

AUTOREN UND QUELLEN

Clark Accord, geboren 1961 in Paramaribo (Surinam), gestorben 2011 in Amsterdam – *Bingo*, aus: *Bingo!*, erschienen 2007 bei Uitgeverij Nijgh & Van Ditmar. © 2007 The Estate of Clark Accord, Amsterdam. Übersetzt von Christiane Burkhardt

Jozef Hilel Borensztajn, geboren 1898 in Krakau (Polen), gestorben 1985 in Amsterdam. Der Sohn des Autors fand das jiddische Tagebuch seines Vaters in einem New Yorker Archiv und brachte es über fünfzig Jahre nach Kriegsende das erste Mal heraus. – *Zurück in Amsterdam* (Titel der Hrsg.), aus: *Dagboek 1943–1945*, (ursprünglicher Titel: *Togboech*), erschienen 1998 bei Uitgeverij Ambo, Amsterdam. © 1998 The Estate of Jozef Hilel Borensztajn. Übersetzt von Christiane Burkhardt

H. M. van den Brink, geboren 1956 in Oegstgeest, wohnt als Schriftsteller und Journalist in Amsterdam – *Ada vom Eichamt* (Titel der Hrsg.), aus: *Dijk*, erschienen 2016 bij Uitgeverij Atlas Contact. © 2017 Carl Hanser Verlag, München. Übersetzt von Helga van Beuningen

Rob van Essen, geboren 1963 in Amstelveen, wohnt in Amsterdam. Er hat mehrere Romane veröffentlicht und unter anderem Hannah Arendt und Richard Powers übersetzt. – *Aus Mangel an Beweisen*, aus: *Hier wonen ook mensen*, erschienen 2014 bei Uitgeverij Atlas Contact. © 2014 Uitgeverij Atlas Contact, Amsterdam. Übersetzt von Christiane Burkhardt

Rodaan Al Galidi, geboren 1971 im Süd-Irak, lebt seit 1998 in den Niederlanden und hat dort sechs Romane und sieben Gedichtbände veröffentlicht. Er wohnt in Zwolle. – *Wie ich mein Talent zum Leben entdeckte*, aus: *Hoe ik talent voor het leven kreeg*, erschienen 2016 bei Uitgeverij Jurgen Maas. © 2016 Uitgeverij Jurgen Maas, Amsterdam. Übersetzt von Christiane Burkhardt

Esther Gerritsen, geboren 1972 bei Nijmegen, wohnt in Amsterdam und schreibt Theaterstücke, Erzählungen und Romane. – *Radfahren*, ›Fietsen‹, in: *Ik ben vaak heel kort dom. De vprocolumns 2010–2012*, erschienen 2013 bei Uitgeverij De Geus. © 2013 Esther Gerritsen, Breda, De Geus. Übersetzt von Meike Blatnik

Saskia Goldschmidt, geboren 1954 in Amsterdam, arbeitete als Jugendtheaterleiterin, bevor sie 2009 ihr erstes Buch veröffentlichte. Sie wohnt in Amsterdam – *Die Lumpenkönigin*, aus: *De voddenkoningin*, erschienen 2015 bei Uitgeverij Cossee, Amsterdam. © 2016 dtv Verlagsgesellschaft, München. Der Roman erscheint im Herbst 2017 bei dtv. Übersetzt von Andreas Ecke

A. F. Th. van der Heijden, geboren 1951 in Geldrop, wurde international bekannt durch seine siebenbändige Romansaga über das Amsterdam der siebziger und achtziger Jahre. Er wohnt in Amsterdam. – *Die Schlacht um die Blaubrücke*, aus: *De slag om de blauwbrug*, erschienen 1983 bei Uitgeverij Querido, Amsterdam. © 2001 Suhrkamp Verlag, Frankfurt am Main. Übersetzt von Helga van Beuningen

Willem Frederik Hermans, geboren 1921 in Amsterdam, gestorben 1995 in Utrecht. Als einer der wichtigsten niederländischen Literaten der Nachkriegszeit hat er zahlreiche Romane, Geschichten und Essays veröffentlicht. – *Ich habe immer Recht*, aus: *Ik heb altijd gelijk*, erschienen 1951 bei Uitgeverij Van Oorschot, Amsterdam. © 1951 W. F. Hermans. Übersetzt von Christiane Burkhardt

Ariëlla Kornmehl, geboren 1975 in Amsterdam, wohnt nach mehreren Jahren in Südafrika in Amsterdam und hat bereits vier Romane veröffentlicht. – *Das Elternhaus* (Titel der Hrsg.), aus: *Wat ik moest verzwijgen*, erschienen 2013 bei Uitgeverij Cossee, Amsterdam. © 2016 Hoffmann und Campe Verlag, Hamburg. Übersetzt von Marlene Müller-Haas

Doeschka Meijsing, geboren 1947 in Eindhoven, debütierte 1974 mit einem Erzählband, gefolgt von mehreren Romanen. Sie starb 2012 in Amsterdam. – *Eine Heldin* (Titel der Hrsg.), aus: *Over de liefde*, erschienen 2008 bei Uitgeverij Querido. © 2008 The Estate of Doeschka Meijsing, Amsterdam. Übersetzt von Christiane Burkhardt

Jan van Mersbergen, geboren 1971 in Gorinchem, hat seit 2001 zahlreiche Erzählungen und Romane geschrieben und wohnt in Amsterdam. – *Wusst ich's doch, dass du dich aus dem Staub machst,* aus: *De laatste ontsnapping,* erschienen 2014 bei Uitgeverij Cossee. © 2014 Uitgeverij Cossee, Amsterdam. Übersetzt von Christiane Burkhardt

Hanny Michaelis, geboren 1922 in Amsterdam, wo sie 2007 starb. Für ihre Prosa und Gedichte wurde sie mehrfach ausgezeichnet. – *Abschied von Amsterdam,* ›Afscheid van Amsterdam‹, in: *Klein voorspel,* erschienen 1949 bei Uitgeverij Meulenhoff. © 1949 Uitgeverij G. A. van Oorschot, Amsterdam. Übersetzt von Christiane Burkhardt

Margriet de Moor, geboren 1941 in Noordwijk, wohnt in Amsterdam. Als eine der bekanntesten niederländischen Autorinnen wurden ihre Romane in mehr als 20 Sprachen übersetzt. – *Der Jongleur,* aus: *De kegelwerper,* erschienen 2006 bei Uitgeverij Contact, Amsterdam. © 2008 Carl Hanser Verlag, München. Übersetzt von Helga van Beuningen

Hans Münstermann, geboren 1947 in Arnhem, wohnt in Amsterdam. Er wurde für seine sogenannten Generationenromane u. a. mit dem AKO Literatuurprijs ausgezeichnet. – *Tram-Linie 24* (Titel der Hrsg.), aus: *De bekoring,* erschienen 2006 bei Uitgeverij Nieuw Amsterdam. © 2006 Uitgeverij Nieuw Amsterdam, Amsterdam. Übersetzt von Christiane Burkhardt

Harry Mulisch, geboren 1927 in Haarlem, gestorben 2010 in Amsterdam. Neben seinen preisgekrönten Romanen hat Mulisch auch Theaterstücke, Gedichte, politische und philosophische Texte geschrieben. – *Bericht an den Rattenkönig,* aus: *Bericht aan de rattenkoning,* erschienen 1966 bei Uitgeverij De Bezige Bij, Amsterdam. © 1966 Harry Mulisch. Übersetzt von Gregor Seferens

Charlotte Mutsaers, geboren 1942 in Utrecht, wohnt in Amsterdam und Oostende (Belgien) und arbeitet als bildende Künstlerin, Prosaautorin und Essayistin. – *Im Jordaan* (Titel der Hrsg.), aus: *Koetsier Herfst,* erschienen 2008 bei De Bezige Bij, Amsterdam. © 2011 Carl Hanser Verlag, München. Übersetzt von Marlene Müller-Haas

Cees Nooteboom, geboren 1933 in Den Haag, wohnt in Amsterdam und Menorca (Spanien). In Deutschland ist sein gesamtes Werk von Romanen, Erzählungen, Gedichten und Essays erschienen. – *Täubchen* (Titel der Hrsg.), aus: *Rituelen*, erschienen 1980 bei Uitgeverij de Arbeiderspers, Amsterdam. © 1985 Suhrkamp Verlag, Frankfurt am Main. Übersetzt von Hans Herrfurth

Lodewijk van Oord, geboren 1977 in Madrid (Spanien), hat in mehreren Ländern als Lehrer gearbeitet und 2014 sein Debüt veröffentlicht. Er lebt derzeit in Duino (Italien). – *Natura Artis Magistra* (Titel der Hrsg.), aus: *Albrecht en wij*, erschienen 2014 bei Uitgeverij Cossee, Amsterdam. © 2016 Albrecht Knaus Verlag, München, in der Verlagsgruppe Random House GmbH. Übersetzt von Christiane Burkhardt

Karel van het Reve, geboren 1921 in Amsterdam, war Professor für Slawistik, Kolumnist, Übersetzer und Essayist und schrieb zwei Romane. Er starb 1999 in Amsterdam. – *Amsterdam, 30. April* (Titel der Hrsg.), aus: *Luisteraars!*, erschienen 1995 bei Uitgeverij Van Oorschot. © 1995 Uitgeverij G. A. van Oorschot, Amsterdam. Übersetzt von Gerd Busse

Roos van Rijswijk, geboren 1985 in Amsterdam, wo sie bis heute als Redakteurin, Rezensentin und Romanautorin arbeitet. – *Unheilig*, aus: *Onheilig*, erschienen 2016 bei Uitgeverij Querido. © 2016 Roos van Rijswijk, Amsterdam. Übersetzt von Christiane Burkhardt

Annie M. G. Schmidt, geboren 1911 in Kapelle, arbeitete als Bibliothekarin, bei einer Zeitung und als Kinderbuchautorin. Sie gewann den Hans-Christian-Andersen-Preis und starb 1995 in Amsterdam. – *Fahren Sie doch mal nach Amsterdam!*, aus: ›Gaat u eens naar Amsterdam‹, in: *Nieuwe impressies van een simpele ziel*, erschienen 1952 bei Uitgeverij Querido. © 1952 The Estate of Annie M. G. Schmidt, Amsterdam. Übersetzt von Christiane Burkhardt

Robert Vuijsje, geboren 1970 in Amsterdam, wo er bis heute wohnt. Er schrieb für Wochen- und Tageszeitungen und veröffentlichte 2008 seinen ersten Roman. – *Nur nette Menschen*, aus: *Alleen maar nette mensen*, erschienen 2008 bei Uitgeverij Nijgh

© Chris Van Houts

EVA COSSÉE, leidenschaftliche Amsterdamerin, arbeitete als Lektorin und Verlagsleiterin in verschiedenen niederländischen Verlagshäusern, bevor sie 2001 zusammen mit Christoph Buchwald ihren eigenen Verlag gründete, in dem Autoren wie Bernhard Schlink, Gerbrand Bakker, J. M. Coetzee und David Grossman erscheinen.

Verreisen Sie literarisch nach ...

NEW YORK

Von der Bronx bis Staten Island, von Greenwich Village bis Rockaway Beach – mit Texten von Woody Allen, Maeve Brennan, Michael Cunningham, Don DeLillo, Allen Ginsberg, Helene Hanff, Jonathan Lethem, Colum McCann, Grace Paley, Richard Price, David Sedaris, Eliot Weinberger, Colson Whitehead, Tom Wolfe ...

Herausgegeben von Beatrice Faßbender
SVLTO. Rotes Leinen. Fadengeheftet. 144 Seiten

DRESDEN

Dresden – die verwundete, genesene, verwandelte Stadt. In der Literatur längst zur Legende geworden, wechselndem Weltkulturerbe-Status unterworfen, ist »Elbflorenz« dennoch höchst lebendig.

Herausgegeben von Detlev Schöttker
SVLTO. Rotes Leinen. Fadengeheftet. 144 Seiten

RIO DE JANEIRO

Rio und seine Bewohner, die *cariocas*, sind gastfreundlich zu jeder Zeit: Brasilianische Autoren stellen die Stadt unter dem Zuckerhut literarisch vor!

Herausgegeben von Marco Thomas Bosshard und Marco Machado Nunes
SVLTO. Rotes Leinen. Fadengeheftet. 144 Seiten

MARSEILLE UND DIE PROVENCE

Marseille, Frankreichs »Tor zum Mittelmeer« wurde von griechischen Seefahrern um 600 v. Chr. gegründet. Sie ist die coolere Schwester von Paris, eine Einwandererstadt und ein Sehnsuchtsort bis heute: lebendig und widersprüchlich, ein bisschen wild und eigentümlich zeitgenössisch.

Herausgegeben von Daniel Winkler
SVLTO. Rotes Leinen. Fadengeheftet. 144 Seiten

MADRID

Sie stehen am Rande eines Nervenzusammenbruchs? Dann auf nach Madrid. Seit der sogenannten Movida der 1980er Jahre, jener Bewegung junger Künstler und Bohémiens nach dem Tod Francos, ist aus Madrid eine der exzentrischsten und zugleich abwechslungsreichsten europäischen Großstädte geworden.

Herausgegeben von Marco Thomas Bosshard und Juan-Manuel Garcia Serrano
SVLTO. Rotes Leinen. Fadengeheftet. 144 Seiten

Literarische Hauptstädte

PARIS

Paris: Stadt der Liebe und Literatur. Dieser Band lädt ein zu literarischen Spaziergängen durch die Metropole an der Seine. Zeitgenössische Texte – viele erstmals übersetzt – erzählen Geschichten von Orten, Menschen und der Pariser Lebensart.

Herausgegeben von Karin Uttendörfer und Annette Wassermann
SVLTO. Rotes Leinen. Fadengeheftet. 144 Seiten

LISSABON

Was die portugiesische Hauptstadt außer *fado* und *bacalhau* noch zu bieten hat, erzählen Ihnen über zwanzig Autoren auf diesem urbanen literarischen Streifzug durchs 20. Jahrhundert.

Herausgegeben und aus dem Portugiesischen übersetzt von Gaby Wurster
SVLTO. Rotes Leinen. Fadengeheftet. 144 Seiten

LONDON

Ein literarischer Streifzug durch eine coole und angesagte Metropole. Mit Texten von David Byrne, Alan Hollinghurst, Sadie Jones, Hanif Kureishi, Doris Lessing, Ian McEwan, Muriel Spark, Virginia Woolf und vielen anderen.

Herausgegeben von Ingo Herzke und Hans-Gerd Koch
SVLTO. Rotes Leinen. Fadengeheftet. 144 Seiten

ATHEN

Athen – das ist die »Wiege der abendländischen Kultur« und eine chaotische, überfüllte Metropole zu Füßen der Akropolis. Ihren Charme offenbart sie jedem, der ernsthaft sucht. Diese Sammlung zumeist erstmals übersetzter Texte lädt dazu ein.

Herausgegeben von Birgit Hildebrand und Konstantinos Kosmas
SVLTO. Rotes Leinen. Fadengeheftet. 144 Seiten

ROM

ROMA? Roma! Die Stadt, in die alle Wege führen, im Blickpunkt ihrer Schriftsteller. Warum sitzt Rom wie eine Krake auf dem ganzen Land? Warum sind die Römer so arrogant / elegant?

Mit einem Vorwort von Luigi Malerba. Herausgegeben von Margit Knapp
SVLTO. Rotes Leinen. Fadengeheftet. 144 Seiten

Snel lezen

WYTSKE VERSTEEG   BOY

Ich kann nicht mehr. Den Zettel mit seinen letzten Worten deponiert der schöne, stille Boy in der Manteltasche seiner Theaterlehrerin. Als sie ihn findet, ist es längst zu spät.

Aus dem Niederländischen von Christiane Burkhardt
WAT 755. 240 Seiten

ANNA ENQUIST   DIE EISTRÄGER

»Die Eisträger gehört zu den Büchern, in denen man keinen Satz verpassen sollte.« *Kulturspiegel*

Aus dem Niederländischen von Hanni Ehlers
WAT 758. 144 Seiten

ANDREAS BURNIER   KNABENZEIT

Der autobiographische Roman der in den Niederlanden kanonisch gewordenen Autorin beginnt an einem Frühlingstag zu Kriegsende.

Aus dem Niederländischen von Waltraud Hüsmert
WAT 759. 112 Seiten

MARCEL MÖRING   MODELLFLIEGEN

Mitten in der Arbeit an einem umfangreichen Roman fällt dem Autor Marcel Möring eines Morgens ein Satz ein, der ihn nicht mehr loslässt. Er unterbricht sein Projekt und wendet sich ganz diesem Satz zu.

Aus dem Niederländischen von Helga van Beuningen
WAT 757. 128 Seiten

Wenn Sie mehr über den Verlag und seine Bücher wissen möchten, schreiben Sie uns eine Postkarte oder elektronische Nachricht (mit Anschrift und E-Mail). Wir informieren Sie dann regelmäßig über unser Programm und unsere Veranstaltungen.

Verlag Klaus Wagenbach   Emser Straße 40/41   10719 Berlin
www.wagenbach.de   vertrieb@wagenbach.de

Amsterdam. Eine literarische Einladung erschien im Herbst 2016 als 222. *SVLTO.*

Wir bedanken uns bei den Autoren und Verlagen für die freundliche Genehmigung zum Abdruck (siehe Autoren- und Quellenverzeichnis).

Der Verlag dankt außerdem der Dutch Foundation for Literature für die freundliche Unterstützung der Übersetzung.

Nederlands
N letterenfonds
dutch foundation
for literature

ISBN: 978 3 8031 1321 4

9 783803 113214